말과 태도 사이

말과 태도에 품격을 더하는 법

말과 태도 사이

유정임 지음

ORNADO
토 네 이 도

프롤로그

한 중소기업의 임원과 미팅이 있어 회사를 찾아갔다. 회사는 외곽지역에 있어 시내에서 한참을 들어가야 했다. 기계 소음 가득한 공단 지역, 자동차 관련 비닐제품을 생산해 수출하는 작은 회사는 공장과 사무동이 함께 있다. 번듯한 로비가 있는 것이 아니니 사무동 입구가 헷갈린다. 어디로 가야 할지 망설이고 있는데 누군가 말을 건넸다.

공장 앞에서 노란 지게차를 몰던 청년이었다. 기계 소음에 묻혀 청년의 목소리가 들리지 않았다. 고개를 갸웃거리자 지게차를 멈추고는 달려와 앞에 섰다.

"제가 안내해 드리겠습니다. 누구를 찾아오셨나요?"

이제 갓 스물이나 되었을까. 하루에도 수십 명이 오가는 공장 입구에서 낯선 손님을 위해 지게차까지 멈추고 달려온 그가 허리 굽혀 인사를 건넨다.

"아, 부사장님 좀 뵈러 왔는데요!"

"아! 이쪽으로 오십시오."

청년은 저벅저벅 앞서서 길을 낸다. 안내를 받으며 사무동 로비까지 따라갔다. 그만 돌아가라는 말에도 입구의 문까지 열어주며 90도로 인사하고 지게차로 급히 달려갔다.

"제가 안내해 드리겠습니다."

지게차를 멈추고 달려온 청년의 깍듯한 인사말은 오랫동안 그회사를 떠올리게 했다. 내게 건넨 청년의 짧은 인사말은 회사의 품격이었다.

수년 전 〈대한민국 교육의 사각지대〉라는 다큐멘터리 제작차 교수의 양해를 얻어 하버드 의대 수업을 참관한 적이 있다. 강의가 끝나자 교수 앞으로 학생들이 우르르 몰려 줄을 섰다. 앞줄에 앉아 있던 한국 학생들은 온데간데없고, 뒤쪽에 앉아 있던 미국학생들이었다. 왜 줄을 서지? 무슨 특별한 질문 때문일까?

"교수님 어제도 S카페 가셨죠? 거기서 봤어요."

"오늘 강의, 진짜 좋았습니다."

"어제 밤늦게까지 연구실에 계시던데요! 지나가다 불 켜진 걸 봤습니다."

수업내용과는 관계없는 말들이 이어졌다. 궁금해서 물었다. 굳이 수업과 관계없는 말들을 왜 이렇게 우르르 몰려서 한마디씩 남기고 가는 걸까?

"교육이란 소통이 우선입니다. 학생과 교수는 서로 잘 알고 있어야 하죠. 우리는 이런 말로 서로를 알아가는 겁니다. 관심이라고 해야 할까요. 그런데, 참! 제가 하나 물어도 될까요? 한국에서는 질문을 하면 야단을 듣습니까? 도통 한국 학생들은 질문하거나 말하지 않아서요!"

나는 당황스러워 멋쩍게 웃었다.

'선생님의 말'이란 듣는 것이라고 생각해 온 우리의 수업방식을 어떻게 이해시켜야 할까? 선생님과 학생의 이런 소통방식이 어색하다는 것을 어떻게 설명할까? 순간 고민에 빠졌다.

무릇 말이란 그런 것이다. 소리로 끝나는 발성이 아니라 사람의 마음에 울림을 주는 것, 서로를 알기 위한 소통의 신호다. 상대를 헤아리는 배려의 말, 공감의 말, 이해의 말 등 서로의 마음을 헤아리는 여운으로 다가가는 것이 말이다.

일방적이지 않은 상호적인 울림의 호소, 말은 그렇게 마음에 닿으며 양쪽의 거리를 당겨주고 매듭의 끈을 단단히 조여준다.

영화배우 안성기 씨가 한창 유명했던 시절, 방송작가 일을 하던 나는 매니저에게 섭외 전화를 걸었는데 배우 안성기 씨가 전화를 직접 받아 깜짝 놀랐다.

"아, 매니저가 잠시 자리를 비워서요. 말씀하신 날짜를 확인해보고 전화드려도 될까요?"

전화를 기대하지도 않았다. 어쩌다 얼떨결에 이뤄진 유명 스타와의 짧은 통화만으로도 설렜다. 그런데 한 30분 뒤 정말로 전화가 왔다.

"안성기입니다. 확인해보니 스케줄이 있네요. 죄송해서 어쩌죠?"

세상에나, 약속대로 배우는 전화를 주었다. 짧게 주고받은 몇 마디의 말이었지만 나는 신뢰를 읽고 스타의 품격을 읽었다. 사람의 품위는 그럴 때 빛난다. 그 후 그의 모든 영화에 자발적 홍보대사를 자처했을 만큼 잊을 수 없는 경험이었다.

말과 태도 사이

세상 최고의 권력가도 잘못된 말 한마디로 자신의 인격을 땅바닥에 곤두박질시키기도 하고, 혹자는 진심이 담긴 말 한마디로 자신의 품위를 꼿꼿이 지켜가는 존경스러움도 보여준다. 사람을 가장 빛나게 하는 품위는 학벌도 지위도 재산도 명예도 아닌 그 사람의 말에서 우러난다. 품위 있는 말이란 무릇 사람의 존엄을 지키는 위대한 마력을 지니고 있다. 훌륭한 인품이 담긴 말에 우리는 감동한다.

사람이 동물과 다르다는 것은 본능을 떠나 이성을 갖추었을 때다. 본능의 감정에 휘둘리는 순간에도 저급한 말을 참을 줄 알고, 상대를 배려해 말을 건넬 때 사람의 됨됨이가 느껴지고, 그런 지적 대화야말로 어려운 단어의 남발이 아닌 배려로 채워진 울림이란 것을 알게 된다.

이 책은 30년이 넘는 방송과 언론 생활을 통해 무수하게 만난 '말'의 이야기다. 대중을 웃고 울게 하는 유명인들의 말을 보았고, 말 잘하는 최고의 고수들을 통해 빛나는 말이란 무엇인지를 배웠다. 품격 있는 대화를 구사하는 훌륭한 인격들을 마주했고, 추악한 이면 속의 저급한 말들도 목격했다. 우리가 꿈꾸는 품격 있는 대화를 위한 양념을 추려서 우아하게 조리한 말의 레시피, 그 경험들을 엮었다.

오늘도 나는 말로 죄를 짓고 말로 덕을 쌓으며 여러 감정을 마주한다. 그간 저질렀던 내 말의 실수에 관대한 용서를 베풀어 준 모든 이에게 감사하며, 나의 유치한 말을 훌륭한 인품으로 소화해 준 우아한 지인들에게도 진심의 감사를 전한다. 사람은 가도 말은 남는다. 그래서 말의 무게는 무겁고 또 두렵다. 우리에게 품격이 절실한 진짜 이유다.

목차

PART 3   말에 품격을 더하는 연습

PART 1

기본을 알면
대화가 쉬워진다

01

배려 : 처음 보는 사람과 대화를 이어나가는 법

지금 당장 스마트폰을 한번 열어보자. 그리고 개인 SNS를 뒤져보자. 나와 연결되어 있는 사람의 수는 과연 얼마나 될까? 그 숫자만으로 인간관계가 좋다고 자신 있게 말할 수 있을까? 단 한 번의 통화만으로 저장된 1회성 관계의 번호들이 수두룩하다.

그러나 우리의 인생이란 1회성 관계로 시작된 낯선 만남들이 결국 오랜 인연으로 이어진다고 해도 지나침이 없다. 그렇다면 처음 본 사람과 오래도록 지속될 수 있는 방법을 궁리해야 한다.

어떤 대화들이 그런 관계를 지속하게 할까? 바로 인간미를 보여주는 품격 있는 대화다. 인싸와 아싸를 가르는 기준은 저장된 전화번호의 숫자가 아니라, 바로 이 대화 능력이 있는가 여부다.

우리는 24시간 동안 무수히 많은 사람들과 기억을 만들며 가늠조차 되지 않는 분량의 말을 나눈다. 그럼에도 신기한 것은 거리를 걷다 보면 온통 처음 보는 낯선 사람들이다. 어떨 때는 거리에 넘치는 사람들 속에서 아직도 모르는 사람이 이렇게 많다는 사실이 새삼 놀랍기만 하다.

자동차를 고치러 가서, 마트에 가서, 우체국에 가서, 은행에 가서, 도서관에 가서, 식당에 가서, 각종 모임에서 매일 벌어지는 일 속에 처음 보는 낯선 사람은 매 순간 등장한다. 삶의 원활함을 위해서는 처음 보는 낯선 이들과 소통하며 대화를 이어가야 한다.

누구는 어디를 가든 처음 본 낯선 사람과도 금방 친해지는가 하면 서먹한 분위기가 불편해서 말 한마디 꺼내지 못하는 사람도 있다. 이것을 온전히 성격 때문이라고 생각하면 오산이다. 성격이 미치는 일부의 영향도 있겠지만, 대개는 접근 방식에 문제가 있다.

접근 방식을 바꾸어보자. 처음 보는 사람과 술술 말을 이어가는 일은 왜 쉽지 않은가? 처음 가는 초행길에서 느끼는 두려움처럼 처음 보는 사람에게는 정보가 없다. 나를 어떻게 생각할지 다음 말은 어떻게 이어가야 할지 경계심이 가득하다.

귀신보다 더 무서운 게 사람이라고 말하는 요즘 같은 불신의 시대에 낯선 사람에게 당한 피해 사건들이 언론에 등장하면서 우리는 처음 보는 사람과의 대화가 달갑지도 않다. 아이들에게도 처음 보는 사람과는 말을 하지 말라고 교육한다. 상황이 이러하니 가급적 최소한으로 말을 아끼게 되는 것이다.

캐나다 맥길 대학교의 교수 디틀린드 스톨(Dietlind Stolle)은 낯선 사람을 무턱대고 경계하다가는 사회적, 경제적 기회를 놓칠 수 있다고 조언한다. 낯선 사람에게는 내가 낯선 사람이다.

처음 보는 사람과의 대화가 불편해서 아는 사람만 골라서 말을 건네며 살 수 있다고 생각하는가? 당장 출장길에 배가 고파 들리게 된 식당도 처음 보는 낯선 이가 주인이다. 밥을 먹으러 다시 집 근처까지 돌아올 수 없다. 말을 잘 건네서 반찬 한 가지 더 얹어 먹을 수도 있다.

처음 보는 사람과 대화를 잘 이어가는 것은 인간이 사회적 동물임을 증명하는 최고의 능력이며, 타인이 점령한 새로운 세상을 간접적으로 만날 수 있는 절호의 기회이기도 하다. 그렇다면 낯선 사람과 두려움 없이 경계심을 풀고 대화를 잘 이어나가기 위해서는 어떻게 해야 할지 알아보자.

어린 시절, 동네 시장에 가면 처음 보는 사과장수 아주머니와 금방 친해져서 사과 하나를 덤으로 꼭 얻어오는 엄마를 봤다. 처음 보는 사람과 말을 잘 이어가는 엄마는 무엇이라도 꼭 이익을 봤다. 낯선 사람과 쉽게 친해지는 엄마를 보며 어린 마음에 '왜 꼭 저렇게 하시는 거지? 왜 처음 보는 사람과 말을 섞지?' 하며 먼저 다가가는 것이 자존심을 낮추는 일이라고 생각했는데 아니었다.

낯선 사람들을 호감 있게 대한 엄마는 꼭 호의적인 결과를 얻어냈다. 따져보니 그 안에는 엄마의 처세를 담은 대화의 특별한 기술이 있었는데 바로 자신을 겸손하게 낮추고 자존심을 제대로 활용한다는 것이었다. 처음 보는 사람과의 첫 만남에는 무조건 정성을 다해야 한다. 첫 만남을 데면데면하게 대하면 다음이 없다. 새로운 세상의 새로운 기회를 잃을 수도 있다. 낯선 사람들에게 호감을 얻어내는 방법 3가지를 소개한다.

1. 말을 먼저 건네 대화의 우위를 차지하라.

처음 보는 사람을 경계할 때 내 자존심부터 떠올린다. 내가 너보다 나은 사람이라는 것, 나를 무시하지 말라는 마음, 혹여라도 너에게 밀릴 수는 없다는 경계, 그래서 결코 내 품격이 무너지는 것을 가만히 둘 수 없다는 생각들이 장착되어 있다. '내가 뭐가 아쉬워서 얘기를 먼저 꺼내야 해?' 이런 생각부터 머리에서 지워 버려라.

경계를 풀고 나를 낮추는 대화야말로 다음을 약속하는 최고의 기술이다. 있는 그대로의 모습을 보이는 것은 최선의 선택이다. 실수해도 좋은 자연스러움은 곧 상대의 경계심을 조금씩 허물게 한다. 완벽해 보이려는 말과 태도가 대화를 가로막아 장벽을 만든다.

새로운 모임에 가보면 테이블을 마주하고 의자에 앉아 있는 태도만 봐도 그 사람의 마음이 보인다. 마치 자존심 게임을 하는 것처럼 보인다.

'나 아직 너에게 접근 안 한다. 네가 먼저 나에게 와 말을 걸어!'

인간은 본래 대접받기를 즐긴다. 누군들 남을 대접만 하고 싶겠는가. 그 순간 을이 되는 기분이지만 아니다. 오히려 먼저 말을 건네는 일은 대화의 우위를 차지하는 탁월한 선택이다.

나는 새로운 모임에 가면 먼저 명함을 돌린다. 모두들 경계하며 누가 누군지를 살피고 있을 때 벌떡 일어나 먼저 다가간다. 말을 꺼내기가 어렵다면 불쑥 명함부터 내밀어도 좋다. 그저 웃음 한 자락 깔고 들이미는 것이다.

"회사에서 이렇게 마음껏 뿌리라고 얼마나 많이 만들어줬는지요. 유정임입니다."

너스레를 떨며 나를 낮춰 다가가면 상대는 일단 경계를 풀고 마음을 연다.

오래된 영화를 보면 호감 있는 이성에게 관심을 끌기 위해 그 사람 앞에서 장갑이나 손수건, 볼펜 같은 소품을 떨어뜨려 상대의 관심을 낚는 어설픈 고전적 장면이 있지 않은가? 21세기에는 그 소품을 명함으로 이용하는 것이다.

명함이 없다면, 먼저 다가가 손을 내밀어라. 악수하고 웃어 보이는 액션이 말을 대신한다. 먼저 말인사를 건네면 상대는 대접받는 기분을 느낀다. 그리고 곧 마음을 연다.

2. 예의를 다해라.

말의 포문을 여는 순간, 상대는 나를 스캔한다. 말을 여는 그 짧은 몇 마디 속에서 상대의 취향, 성격, 지위가 다 보일 수 있다.

저널리스트 조 코헤인(Joe Keohane)은 저서 《낯선 사람에게 말을 걸면》에서 낯선 사람을 두려워함으로써 많은 것을 놓친다고 조언했다. 지금 세상에서 낯선 이와의 대화는 생존기술이라고 첨

언했다. 두려움이란 예의를 다함으로써 막아낼 수 있다.

말이 끊어졌다고 해서 폰을 자꾸 들여다보는 무례를 범해서는 안 된다. 나는 회의 중에도 폰을 보는 직원들의 행위가 솔직히 불쾌하다. 급한 연락이 올 곳이 있다면, 회의 전에 양해를 구해두는 것이 좋다. 급한 전화를 기다리는 태도와 그냥 폰을 들여다보고 있는 무례한 태도는 애초부터 결이 다르다. 그래서 종종 모임이 있을 때는 먼저 폰타임을 제안한다.

"자, 우리 다 바쁜 사람들이니까 30분에 한 번씩 폰을 보는 겁니다. 급한 연락들을 놓치면 안 되니까요."

제안을 해두면 불쾌하지도 않고 모두들 흔쾌히 동의한다.

3. 서로 관심이 될 만한 주제를 꺼내 들어라.

상대의 직업, 성별, 체격, 연령대 등 겉으로 봐도 쉽게 알 수 있는 정보 속에서 관심사를 꺼내라. 명함을 받았다면 적극 활용하라. 회사의 주소만 보고도 지역에 얽힌 여러 이야기를 나눌 수 있다. 출퇴근은 얼마나 걸리는지, 그 지역의 유명한 음식은 무엇이 있는지, 주위에 볼만한 곳은 어떤 것들이 있는지 명함에 담긴 정보들은 낯선 사람과의 이야기 소재로 훌륭하다.

아이를 키울 때는 놀이터에서 아기를 데리고 있는 처음 보는 부부와도 이야기가 충분히 가능했다. "몇 개월이에요?"로 시작한 이야기는 술술 풀려나간다.

아이를 키우는 엄마끼리의 관심이란 이유식은 하고 있는지, 기저귀는 뗐는지, 걷는지, 달리는지, 어느 유치원에 보낼 예정인지 관심사의 범위가 제한되어 있다. 그 관심이 이야기를 풀어가게 한다. 그러다가 마음이 맞으면 잘 가는 키즈카페를 소개받고 그곳에서 한번 보자는 약속까지 가능하다.

체격이 좋아 보이면 운동이야기를 꺼낸다거나, 나이가 비슷해 보이면 관심 있는 영화이야기를 꺼내본다거나, 직업을 알 수 있다면 그 직장의 최근 근황을 묻는다거나 얼마든지 관심을 가질 만한 에피소드를 끌어낼 수 있다.

하버드 대학 다니엘 앨런(Daniel Allen) 교수는 '낯선 사람과 이야기하는 것은 우리를 더 현명하게 해주고, 세상에 대한 감각을 유지시켜주며 공감력을 높여줄 수 있다'고 말했다.

말은 인간에게 주어진 훌륭한 인생의 선물이다. 혼자 품고 있으면 제 기능을 못하는 불필요한 기술에 불과하지만 새로운 세상을 학습하는 데는 이만한 선물이 없다.

낯선 대화를 시도할 때는 나를 낮추고 예의를 다해서 주변의 소재들을 활용해보자. 상대의 선물상자를 여는 순간, 상상 못한 신세계가 나에게도 열릴 것이다.

말 한마디에도 상대에 대한 존경을 담아 나를 낮춰라. 그 시작이 다음의 만남을 기약한다.

02

수용 : 무례한 사람에게
휘둘리고 싶지 않을 때

말을 나누다보면 마음이 가볍게 속이 뻥 뚫리는 사이다 대화가 있는 반면, 삶은 고구마 서너 개를 먹은 뒤 옴짝달싹 못한 채 앉아 있는 것처럼 속이 미어터지는 대화가 있다. 바로 무례한 대화다.

우리 사회에는 고질병처럼 다짜고짜 '너 몇 살이야?'를 꺼내 드는 무례한 말의 습관이 남아 있다. 궁지에 몰릴 때면 꺼내 들고 마는 이 비합리성의 막무가내식 카드는 늘 환영받지 못한다. 일 처리의 합리적인 우선순위를 떠나 유독 나이부터 꺼내고 마는 병폐의 무례함은 더욱 화를 돋운다.

무례한 대화는 또 있다. 다짜고짜 '나이'를 따지는 사례처럼 경우 없이 '내가 누군지 아니?'를 파고드는 경우다. 정말, 네가 누구인지 알고 싶지도 않다.

이런 두 부류의 사람들은 무례하기 이를 데 없는 전형적으로 대표 기피족이다. 그럼에도 넘쳐나는 사람들 속에 이런 유형의 사람들이 열에 하나씩 꼭 끼어 있다.

그런데 가만히 생각해보면 무례한 말을 내뱉는 사람들에게는 측은지심이 발동한다. 안타깝게도 그들은 진정한 존중을 받아본 적이 없는 경우가 허다하다. 사람에 대한 예의를 배워본 적이 없다.

인정을 받고 존중을 받아 본 사람들은 결코 무례하지 않다. 갑질 행각으로 사회적 지탄을 받는 돈과 힘의 권력형 무례는 진정한 존경을 받아본 게 아니라, 자본주의 사회에서 돈에 대한 겉치레적인 복종만을 누려온 것이다. 결코 진정한 '갑'이 되지 못하는 분노를 엉뚱한 데 풀어내는 것이니 안타까울 따름이다.

막말 갑질로 누군가에게 횡포를 행사한다면 그런 사람에게는 마음속의 예의를 차릴 필요가 없다. 무례한 사람들은 막무가내 식 결례를 당당함으로 착각한다. 그런 경험의 습관들이 그들의 행동을 무례하게 만들며 성품까지도 무례해진다.

무례한 사람들의 공통점은 쉽게 찾아진다. 자신의 말이 무조건 옳아야 하니 상대의 말을 듣지 않는다. 콤플렉스로 인한 비틀기다. 경어가 사라진 반말의 특징도 있다. 상대를 낮추면 자신이 올라간다는 착각으로 상대를 비하하는 은어를 대동한다거나, 혀 짧은 반말로 자신의 품격을 스스로 떨어뜨린다.

마지막으로 일이 잘못된 경우, 이유를 항상 상대에게서 찾는다. 스스로 책임져본 일이 없으니 분풀이할 대상을 찾아야 자신의 두려움이 사라진다. 사실 겁쟁이다.

인턴으로 근무했던 직원과 점심을 먹다가 이런저런 이야기를 나누었다. 집안 사정이 어려워 온갖 아르바이트를 다 해봤다는 그녀는 식당과 마트에서 당한 무례함을 얘기했다.

"계산이 잘못되었다고 항의하는 와중에 다른 직원이 달려와서 사태를 해결했어요. 제 잘못이 아니었는데 만 원짜리 몇 장을 제 얼굴에 던지며 화를 내더라고요. 이거면 됐지? 하면서요. 아마, 제가 자신보다 한참 낮은 위치라는 걸 확인하고 싶었던 거 같아요. 자신의 잘못을 그렇게라도 풀면서 두려움을 덜고 싶었던 거죠.

식당에서 무거운 그릇을 옮기면서 온 식당을 뛰어다니던 아이를 피하다가 제가 넘어졌는데 부딪히지도 않았거든요. 자기 아이가 놀랐다고 저한테 큰소리를 내더라고요. 저는 그릇이 깨져서 다치기도 했는데 말이죠. 아이를 통제 못한 건 부모의 잘못인데, 식당 종업원이라고 무시한 거죠. 상식이라는 게 있잖아요. 무례한 사람이 많아서 이제 어지간한 일은 화도 안 나요."

그녀는 담담히 웃었지만 일어서며 한마디를 보냈다.

"그런데요, 그렇게 무례한 사람에게 누군가 당해주니까 다른데 가서도 또 그러는 거 같아서 속상해요! 무안을 줘서라도 못하게 막아야 하는데 말이죠."

백번 맞는 말이다. 무례를 범하는 사람들은 강자와 약자만으로 세상을 구별한다.

그런 관계를 '대꾸하기도 싫어서', '상대해봤자 마음만 상하니까', '차라리 무시하고 말지' 이런 마음으로 지나치게 되면 무례를 막지 못하는 병폐는 계속 양산될 것이다.

《적을 만들지 않는 대화법》의 저자 샘 혼(Sam Horn)은 '막말로 무례하게 괴롭히는 사람들의 심리를 찬찬히 돌아보라'고 조언했다. 아무 말이나 무례하게 내뱉는 사람들의 경우 사람에 대한 믿음이 없다. 믿음을 받아보지 못한 사람은 불안해서 먼저 내지르게 되는 것이다.

그런 무례한 사람 앞에서 똑같이 큰소리로 맞대응하면 사태는 해결되지 않는다. 무례한 사람일수록 높은 소리로 혼자 떠드는 경향이 강하다. 일단 상황을 인내심 있게 수용해주자. 극적인 상황이 수용될 때 순간에는 감정이 격해져 소리를 지르더라도 침착한 대응에 오히려 맥이 빠진다. 오히려 상대의 흥분을 유도하려고 소리를 높이는 경우도 있다.

휘말려서는 안 된다. 빌미의 기회조차 주지 말자. 한도 초과를 넘어서지 않는 선에서 최대한 수용하자. 이때 명심할 것은 무례한 막말에 절대 주눅 들거나 기가 죽어서는 안 된다는 점이다. 무례한 사람일수록 상대의 그런 점을 노리고 있으니 고개를 숙이지 말고 당당히 들어라. 다 듣고 판단해서 행동해도 늦지 않다.

무례한 사람들의 의견을 충분히 듣고 나의 의견을 전할 때는 절대 감정적 언어를 사용하지 않아야 한다. 그런 사람들에게 감정적 언어는 사치다. 객관적 사실만 전달한다.

혼자서 북 치고 장구 치다가 큰 진전이 없다 싶으면 스스로 한 발을 빼는 것이 무례한 사람들의 공통점이다. 그때 무의미한 표정과 태도, 짧은 말로 반드시 경고하는 일을 잊지 말자. 한마디의 경고를 붙일 때는 감정 없이 표정 없이 전하는 것이 중요하다.

"매너를 지키세요."

"뿌린 대로 거두는 법이죠."

"세 살 애들도 상식은 압니다."

"딱 한 번만 넘어갑니다. 다음은 없어요."

특히 무례한 사람이 범했던 단어 속에서 되돌려 줄 말을 꺼내는 것도 자극적인 방법이다.

무조건 자신의 얘기만 내세우는 불통과 먹통의 무례한 사람들에게는 이성이 고려된 감정적 언어조차 아깝다. 조리 있는 짧은 경고로 스스로의 무례를 깨닫도록 돌려주자.

Point

결국 세상을 지배하는 최상의 권력은 핵무기가 아닌 말이라는 무기다.

03

인정 : 사람을 변화시키는
리더의 말습관

2023년 최근의 채용 시장을 말하는 흥미로운 언어가 있다. 이른바 '조용한 삼 형제'이다.

1. 조용한 퇴사

직장은 계속 다니지만 인생을 다 회사에 바치지 않는다. 출퇴근 시간에 맞춰 정해진 일만 하는 상태로 마음으로는 이미 직장과 굿바이한 심리적 퇴사를 의미한다. 회사와 맞지 않아서 현재 버티며 다니고 있어도 미래는 불투명하다. 자신의 목표는 다른 곳에 있다. 그래서 회사를 떠나서 무엇을 할지 등 외부에 자신의 목표를 설정

해두고 다닌다. 글로벌 경영 매거진 〈하버드 비즈니스 리뷰〉에서 '조용한 퇴사는 나쁜 상사의 문제'라고 리더십을 지적했다.

2. 조용한 해고

회사가 대놓고 퇴사를 종용하진 못하지만, 핵심 업무를 맡기지 않고 변두리 업무만 맡기거나, 넘치게 일을 주어서 스스로 회사를 떠나게 하는 자발적 퇴사를 유도한다. 대규모 희망 퇴직의 경우 말은 '희망'이지만 어쩔 수 없는 '절망'이 아닐까.

3. 조용한 고용

필요한 직원을 채용하지 않고 기존 직원에게 역할을 주어 배워서 해결하게 한다. 일을 맡길 마땅한 직원이 없으면 뽑지 않고 계약직이나 외주를 활용한다.

이미 시작된 '조용한 삼 형제'의 트렌드는 직장에 달라진 변화를 예고하고 있다. 조직이 변하면 조직원도 문화도 변한다. 달라진 조직에는 달라진 소통법도 필요하다. 갑을 관계로 이어지던 상사와 부하 직원의 관계에서는 더 이상 리더십이 통하지 않는다. 언제 어떻게든 떠날 준비를 하는 자와 언제 어떻게든 내보낼 준비를 하는 조직의 등장으로 조직의 언어 문법도 달라지고 있다.

어려웠던 시절, 상사는 인생의 선배이기도 했다. 자신의 주머니를 털어 후배의 용돈을 쥐어 주기도 했던 의리는 전설 속의 에피소드요, 시대와 맞지 않는 철 지난 양복이다.

모 방송사에 국장으로 근무할 때 바로 아래 직원인 팀장이 PD들과 점심을 먹으러 갔다가 더치페이로 밥을 먹었다는 이야기를 듣고 깜짝 놀랐다. '더치페이?'라고 소리쳐서 라떼 소리(예전 '나 때는 말이야'의 줄임말)를 들을 뻔했다.

나의 젊은 시절, 중간 간부가 되면 당연히 후배들 점심은 선배가 책임지는 일이었다. 우리 역시 열심히 얻어먹던 후배의 시절이 있었다. 밥은 권력이었다. 밥 잘 사주는 상사에게 무조건 충성했던 배고팠던 시절, 그것이 좋고 나쁘다는 판단은 없다. 단 상황이 달라진 이해만이 존재한다. 이제는 굳이 얻어먹지 않아도 되고, 굳이 의리 때문에 할 말을 참을 필요도 없다.

연차가 올라가면서 나도 간부가 되고, 회사를 맡은 대표가 되었다. 횡설수설 같은 이야기를 열 번씩 해도 남다르게 웃어주며 박수 쳐주던 직원들이 사라지니 손바닥만 한 회사에서도 소통이 쉽지 않았다. A로 말하면 A-1로는 답해줄 줄 알았는데, 면전에서도 B, C가 등장해 당황스러웠다. 조직의 변화는 조직의 '말'을 변화시켰다.

나가노 게이타는 저서 《부하직원 절대로 키우지 마라》에서 단호한 말을 한다. "회사는 학교가 아니다. 부하 직원의 눈치를 살피며 인심 좋은 상사가 되기 위해 애쓰지 마라"라고 충고한다.

세상이 달라진 것이다. 효율에 맞는 능력으로 자리를 지켜가는 게 서로 좋다고 충언한다.

그러나 아무리 문화가 달라졌다고 해도 조직의 말은 '위'에서 '아래'로 흐른다. 위에서 내려 온 품격 있는 리더의 말은 부하직원의 기세를 올려준다.

품격 있는 말이란 무엇인가? 타고난 성품이 훌륭한 리더라고 해서 잘못한 일마저 우아하게 지적할 수는 없다. 문제는 잘못에 대한 지적을 하더라도 분위기를 잘 가려서 상대의 입장을 헤아려 전하는 방법이어야 직원들에게 존경받는다. 그것이 곧 좋은 성품을 가진 리더의 품격의 말이다.

젊은이들이 모인 한 인터넷 사이트에 올라온 글이 흥미롭다. 한 구직자의 글이다.

"나 오늘 면접에서 20분 일찍 갔다고 욕 먹음. '다른 곳 가서는 10분 전까지 오시는 게 좋아요. 왜냐하면 일찍 오시면 그 전의 면접자분이 있을 수 있거든요.' 이럼."

뭐 그럴 수 있는 이야기라 생각되었는데 댓글이 한바닥이다.

ㄴ 일찍 가는 게 민폐이긴 해! 일찍 가도 10분 정도지 20분이면 다른 업무 중일 수도 있으니까. 물론 그 사람이 대놓고 직원들 앞에서 그렇게 말한 건 기분 나쁘겠다.

ㄴ 면접 중이니까 잠시 대기하세요 하면 되는 거 아냐? 일찍 가는 것도 문제 된다는 거 처음 알았네.

ㄴ 원래 면접은 일찍 가는 게 아님. 면접 보러 사람이 왔으니 하던 일을 멈추고 면접 보는 건데.

의견은 막상막하로 갈렸는데 아래에 한 방이 있었다.

ㄴ 글쓴이는 그 말투가 기분 나쁘다는 거였을 텐데.

맨 끝에 달린 글쓴이의 말이 총정리를 도왔다.

ㄴ **글쓴이** 조용히 얘기한 게 아니라, 나가면서 직원들 일하고 있을 때 큰소리로 얘기함. 난 처음 보는 사람들 앞에서 혼남.

짐작이 맞았다. 말 때문에 기분 나빴던 것이 아니라 말을 건넨 분위기가 문제였을 것이다. 조직 안에서 리더의 말은 '단어의 선택'보다 그 단어를 전하는 '말의 분위기'가 매우 중요하다.

예전에는 "야!" "너!" "임마!"의 호칭이 친밀감을 만들어주는 것처럼 통과되었다. 이제는 신고감이다. 직급을 떼고 이름 뒤에 '~님' 자를 붙여 경어를 쓰는 직장도 흔해졌다.

나는 기본적으로 직급이 낮아도 가급적이면 경어를 쓰는데 누구는 나의 이런 행동이 관계를 멀게 한다고 조언했다. 부하 직원들을 인정하겠다는 마음이 말에도 녹아 있다고 생각하는 나는 아무리 달라진 신세대들이라 해도 마음의 배려를 모르지는 않을 것이라 자신한다. 그래서 서로에 대한 예의가 더 우선이라고 판단하는 것이다.

30년이 넘는 조직 생활을 통해 가장 품격 있다고 생각한 리더는 역시 어려울 때 말 한마디를 해도 아랫사람의 상황을 헤아려 준 분들이었다.

평소 아랫사람의 입장을 잘 이해하고 있는 리더의 말이라면 아무리 날선 소리여도 일단 서운함이 적다. 오죽하면 그럴까, 당연히 그럴 수밖에 없으리라고 이해가 되는 것이다. 평소의 신뢰는 그렇게 중요하다.

품격 있는 리더의 말습관은 훈련으로 가능하다. 다음은 내가 배운 품격 있는 리더들의 말이다. 우선 인간적으로 사람의 능력을 의심하는 비하의 말은 금물이다. 상대를 인정하는 리더가 품위 있다. 잘 몰라서 물을 때도 그 문제를 지적해야지 사람의 능력을 비꼬지 말자.

"아직도 파악이 안 된다고? 아니 여태 뭘 배웠어?"

"다들 이 정도는 하던데, 왜 안 되는 거지?"

자존심에 모멸감을 주는 리더 앞에 성공하는 직원은 없다.

무엇보다 야단을 할 때는 다른 사람이 있는 곳을 피하자. '업무 처리에서 매우 큰 실수를 한 팀장을 참지 못하고 직원들이 보는 앞에서 야단쳤던 경험'을 나는 두고두고 후회했다. 엎어진 물을 주워 담을 수는 없었지만, 그 팀장의 당혹스러웠던 얼굴은 오래도록 지워지지 않았다. 친구들 앞에서 공개적으로 당한 선생님의 야단, 친한 친구 앞에서 들은 엄마의 잔소리야말로 마음의 상처로 사라지지 않는다.

그리고 결과를 협박해서는 안 된다. 리더가 가진 권한으로 아랫사람을 협박하는 천하에 볼썽사나운 갑질이다.

"이 일 틀어지면 당신이 책임질 거야?"

"당신 때문에 회사에 손해가 얼마인지 알아?"

"이러면서 승진을 바라는 거야?"

권력을 쥔 자의 위세를 담은 협박성 말들은 단연코 비겁하다. 아무리 직급이 낮다고 해도 사람이 우선이라고 생각한다면, 따로 불러내 상황을 충분히 들어보고 잘못된 사실만을 골라 따끔히 지적하고 결국 인간적으로 안아주는 위로야말로 사람을 변화시키는 품격 있는 리더의 말습관이 아닐까?

마지막으로 강조하고 싶은 건 칭찬의 기회를 놓치지 말라는 거다. 칭찬을 하는 동시에 리더가 받는 존경의 가치도 올라간다.

엘리베이터를 탔다. 낯선 꼬마가 위층에서부터 타고 있었다. 내려야 할 층에 엘리베이터가 섰고, 내가 막 내리려는 찰라 뒤에서 인사소리가 들린다.

"안녕히 가세요."

"응, 잘 가."

그리고 갑자기 떠오른 생각에 문이 닫히는 엘리베이터를 다시 세웠다.

"인사해줘서 고마워. 참 예의 바르네."

아! 칭찬을 놓칠 뻔했다. 아이는 환하게 웃는다. 아이의 말은 어른을 보고 배운다. 품격 있는 리더는 야단의 기회가 아니라 칭찬과 인정의 기회를 놓치지 말아야 한다. 권위 의식에 사로잡혀 무언의 태도로만 반응하는 일은 아무리 지위가 높아도 자칫 무례하다.

존경받는 리더의 말은 따뜻한 반응이다. 품격 있는 리더일수록 주위 사람들의 사소한 일에도 진심으로 깊이 반응한다. 반응하는 말습관은 매우 중요하다. 칭찬을 가득 담아 반응하라. 참견과 반응은 다르다. 사적 생활의 경계로 넘어가지 않도록 조심하면서 꼬치꼬치 캐묻지 않아야 한다.

예의를 다해 상대를 인정하는 말의 습관이 완성될 때 리더의 말에는 품격의 향기가 배인다.

Point

업무의 현란한 기술을 가르쳐주는 리더보다 비록 실수했더라도 노력을 인정하며 소주 한잔 기울여 줄 수 있는 리더를 우리는 마음에 담는다.

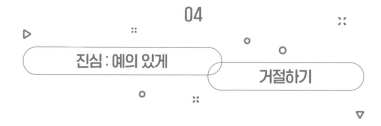

04

진심 : 예의 있게

거절하기

미국의 인류학자 에드워드 홀(Edward T. Hall)은 저서 《숨겨진 차원》에서 포유류와 조류는 안전 확보를 위해 일정한 거리를 유지하는 본능이 있다고 했다. 안전을 위한 방어본능이 관계의 거리를 갖게 한다는 것이다. 그가 실험한 인간관계의 거리는 잘 알려져 있는데 '친밀한 거리, 개인적 거리, 사회적 거리, 공공적 거리' 4단계로 정리된다.

'친밀한 거리'는 0~46cm로 가족이나 연인의 거리다. 언젠가 매우 인상적인 치약 광고가 있었는데 '숨결이 닿는 46cm거리'라는 문구가 눈길을 끈 적도 있다.

'개인적 거리'는 46~120cm다. 친구나 가까운 사람 사이로 격식을 따지기 애매하게 경계를 넘나드는 거리다.

'사회적 거리'는 120~360cm로 흔히 사회생활에서 유지하는 거리를 통칭한다. 아파트 로비에서 마주치면 얼굴 정도는 아는 사이, 조직 생활에서 서로 부담되지 않는 거리다.

'공공적 거리'는 360~900cm로 위협을 받으면 피할 수 있는 거리다. 무대와 관객의 거리, 연설자와 청중의 거리다.

사람들과 마주하며 우리는 다양한 거리를 갖는다. 좋을 때는 한없이 좋다가도 어려울 때는 한없이 어려워지는 것이 사람의 사이다. 특히 제안을 받고 거절을 해야 할 때는 아무리 친밀한 거리의 사이라도 말을 꺼내기가 어렵다.

거절에는 구차한 이유가 있어서는 안 된다. 도리어 그것이 상처가 된다. 거절은 어찌 되었든 결국 거절이기 때문이다.

그러나 서로에게 상처를 줄이기 위해 거절은 최소한 예의 있게 진행되어야 하는데, 예의 있는 거절이란 사설이 긴 핑계가 아니라 단호함을 갖춰야 한다. 단호한 거절이 서로에게 더 예의를 갖추는 것이다. 어떤 거절도 마음이 편치 않다. 그러나 똑같은 거절도 상대가 아픔을 넘어 불쾌감을 느낀다면 그건 치명적인 결과를 불러온다.

15년 동안 연락 한번 없었던 친구가 한밤중에 불쑥 전화를 걸어왔다.

"사업하다 보니 너무 힘드네. 보름 뒤에 꼭 갚을 테니 돈 좀 빌려줘. 대출이 늦게 나와서 그래."

15년 만에 건 전화 내용이 너무 간단하다. 이름도 가물가물한데 어떻게 저렇게 태평하지? 자존심을 감추려고 더 태연한 척하는 건가? 여러 감정이 엉키고 있었다.

일단 빌려달라는 만큼의 돈이 통장에 있지도 않았다. 월급쟁이 돈이란 게 적금이나 펀드처럼 묶여 있는 돈이거나 마통이 전부 아닌가.

부탁을 받고 마음속으로 거절을 작정했는데 문제는 그 다음이었다.

'어떻게 거절하지? 사실대로 말하면 되지, 있는데 없는 척하는 게 아니잖아.'

마음은 그렇지만, 친구라는 관계가 발목을 잡았다. 최소한 사람에 대한 예의를 다하자. 그는 나에게 어떤 친구인가? 15년 만에 불쑥 날아온 전화지만 고민이 깊어졌다. 돈에 관한 한 가족과도 거래하지 않는다는 평소의 소신을 전하며 전화를 끊었지만, 무거운 마음이 가시지 않았다.

상대를 배려하면서 거절하는 방법을 찾아 인터넷을 헤매어 본다. 어느 작가는 일단은 좋은 말로 상대를 헤아리라고 했다.

"어려울 때 나를 생각해줘서 고마워. 그런데……."

이렇게 시작하라는 충고가 눈에 들지 않는다. 아무리 돌려 말해도 거절은 거절인데 오히려 생각하는 척한다고 비난받을 것 같다. 작가의 충고는 '예의를 다해서 거절하라'는 말임을 충분히 알 수 있다. 서로 상처가 적으려면 예의를 갖춘 말을 앞에 전하라는 것이다. 하지만 나는 생각이 다르다.

"빌려줄 돈이 없어."

감정은 상해도 사실은 사실이니 진심을 담아 기대감을 키우지 않도록 사실부터 먼저 전한다.

"그리고 못 빌려줘서 미안해."

감정을 뒤에 전한다. 마음은 편치 않지만, 사실로 기대감을 포기하게 하고 그 후에 나의 진심을 붙인다. 기대감의 여지를 주지 않아야 고문이 되지 않는다.

무엇보다도 이런 상황을 만드는 상대에게 원망이 제일 먼저 생겼다. 그런데 무수한 거절을 경험하면서 제일 먼저 드는 생각은 상대를 이해해야 한다는 것이었다. 이해하고 나니 거절에 대한 두려움이 사라진다. 나를 난처하게 하려고 부탁하지는 않았을 것이라는 사실, 오죽하면 그랬을까 하는 상대에 대한 원망이 아닌 이해를 품고 나니 한결 가볍게 거절할 수 있었다.

예의를 차려서 여러 방법을 응용해 보았지만, '기대감을 만들지 않은 거절'이 가장 깔끔했다. 현실을 직시하게 하는 것이 기대감을 부풀리지 않는 서로에 대한 예의였다.

좋은 이미지로 남으면서 거절하는 법은 세상 어디에도 존재하기 힘들다. 미움받을 용기를 가져야 거절할 수 있다. 어려운 거절의 이야기는 빠르고 명확하고 단호하게 나누자. 베스트셀러《미움받을 용기》에는 다른 사람의 기대를 만족시키기 위해 너무 신경 쓰지 말라는 충고가 담겨 있다.

평소 마음 곱기로 소문난 아나운서 후배가 있다. 남에게 모진 말을 절대로 못하는 그녀를 보며 세상 살기 참 어렵겠다는 생각을 종종 했었다. 그래도 인간적인 그녀 주위에는 늘 사람이 많았다. 절대 거절 못하는 그녀가 딸아이를 유학 보냈다. 먼 기숙사까지 따라가 짐을 풀고 정리를 시작하려는데 딸의 단호한 거절이 귀에 닿았다.

"엄마, 여기까지. 정리 사절! 제가 해요."

후배는 충격을 받았다고 했다. 남도 아닌 딸의 거절이라니. 지금까지 키운 15년의 시간이 부정당하는 느낌이었다고 했다. 가족 간에 무슨 충격이냐고 하겠지만, 누구보다도 그녀의 평소 마음을 잘 아는 나는 오히려 그 아픔이 이해가 됐다. 단호하고 깔끔한 딸의 거절 덕에 후배는 요즘 자신의 생활에 바쁘다. 단호한 거절이 포기를 빠르게 했나 보다.

거절의 순간, 어설픈 위로는 오히려 무례하다. 상대를 더 비참하게 만들 수도 있다.

"너도 상황이 곧 나아질 거야."
→ 얼마나 어렵게 꺼낸 말인데 상황이 어찌될지 뭘 안다고! 오히려 더 비참해진다.

"다음에는 꼭 생각해볼게."
→ 이번도 안 들어주면서 다음에도 부탁할 일을 만들라고? 원망이 더 커질 수 있다.

가까울수록 거절할 일이 생길 때는 일단 상대에게 원망을 품지 말자. 이해해야 다음 관계가 껄끄럽지 않다. 그리고 거절의 말은 더 단호하고 솔직한 사실부터 전하자. 섣부른 기대감이나 위로야말로 시간을 끌면서 상대를 더 힘들게 할 수 있다.

단, 거절의 말 뒤에는 꼭 예의를 갖춰 나의 진심을 전하자. '매도 먼저 맞는 놈이 낫다'는 속담처럼 기왕 치를 일이라면 차라리 빠르게 치르는 것이 낫다.

Point

거절 앞에 내세워진 섣부른 충고가 오히려 무례한 상처가 된다.

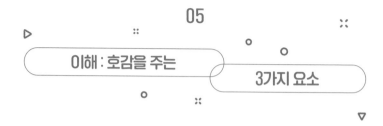

05

이해 : 호감을 주는
3가지 요소

집 앞 거리에 수제 양복점이 있다. 운동 삼아 그 거리를 자주 지나다니는데 양복 지을 일이 없으니 관심 없이 지나쳤다. 그런데 어느 날 양복점 진열장 안의 작은 그림 하나가 발길을 멈추게 했다.

그림은 초등학생이 그린 것 같았다. 형형색색 크레파스의 그림에는 양복으로 보이는 옷이 그려져 있고 삐뚤빼뚤 아이의 글이 아래에 적혀 있다.

'우리 아빠는 양복을 만들어요. 대한민국 1등입니다.'

글씨 앞에서 나는 어린아이의 보드라운 음성이 건네는 말을 듣는 것 같아 한참이나 서 있었다. 그림과의 첫 만남에 양복을 짓고 싶어졌다.

가게 앞에서 누군가 전단지를 나누어 주었다거나, 큼지막한 현수막이 보였다거나, 근사하게 비싼 간판이 붙어 있었다 해도 이런 감동을 따라가진 못했으리라.

의도한 그림은 아닌 듯했다. 액자에 끼워진 것도 아니고 스케치북에 그대로 담겨 있는 그림이었다. 감동한 아빠가 아이가 사랑스러워 스케치북 그대로 기꺼이 진열장에 자랑하고 싶었을 그림은 진열장 속 몇 개의 마네킹 옆에 놓여 있었다.

스케치북이 건네는 아이의 말에 나는 속으로 대답했다.

'알았어. 양복 지을 일이 있으면, 아줌마가 꼭 너희 아빠 가게로 찾아올게.'

호감이란 그런 것이다. 수려한 외양이 주는 감동보다 사람의 마음을 건드리며 찾아오는 훈훈한 마음의 등장이다. 그런 진심이 쌓여야 오래도록 남는 감동이 된다.

상대에게 호감을 주는 말은 따로 있을까? 첫 만남부터 번지르르하게 늘어놓는 매끄러운 언변보다는 말을 듣다 보면 사람의 됨됨이가 보이는 대화에 호감이 간다. 어려운 단어로 잘난 지식을 풀어놓는 언변이 아니라 유쾌하게 듣는 사람의 마음을 헤아리는 센스 있는 말들의 행진. 그럴 때 우리는 넘어가고 만다.

첫 만남에 상대에게 호감을 주려면 상대의 성향을 잘 파악해 공격 포인트를 떠올려야 한다.

유쾌한 사람이라면 조금 수다스러워도 재미있는 이야기를, 과묵한 사람이라면 요란하지 않은 공감의 주제로 부드러운 말의 전개를 떠올리자. 상대의 성향을 분석해서 분위기에 맞는 말을 시작해야 호감이 생긴다. 눈치 없이 즉흥적으로 경거망동하다가 상대의 호감이 반감되어 버리면 첫 만남은 1회성으로 끝나고 만다.

한 유명 강사가 부산에 와서 강연을 한 적이 있다. 서울에서 온 강사는 아주 재미있었다.

"부산 분들은 참 속을 모르겠어요. 너무 젊어 보여서 동안이라고 칭찬을 해드리거든요. '어머, 설마 결혼하신 건 아니죠?'라고 물으면 대개는 '아유, 말도 안 돼요. 제가 그렇게 어려 보여요?' 이렇게 말하시거나 '오늘 커피는 제가 사야겠는데요. 손주가 둘이나 있어요' 이런 반응이 나와야 정상인데, 부산 분들은 막 화를 내시는 거예요. '설마 결혼하신 건 아니죠?' 이렇게 물었는데 목소리를 높이시고는 '참나! 내 아가 셋이요!' 짜증을 내시더라고요. 어려 보인다고 칭찬했는데 왜 화를 내세요?"

좌중에 폭소가 터졌다. 칭찬이 부끄러워 겸손하게 대처한다는 것이 다소 퉁명스러운 경상도 말투에 입혀진 것이다. 그 속내를 읽어 낸 강사의 말은 부산 사람들의 특징을 잘 반영한 공감 포인트였다.

첫 만남에 상대의 마음을 파고드는 전략은 상대를 제대로 파악한 초밀접 말하기다. 분위기를 살피는 초밀접 말하기로 상대를 제압하면 스펀지처럼 빨려 들어간다. 초밀접 말하기는 말과 태도 모두에 해당한다.

가끔 처음 보는 사람과 대화를 시도할 때 팔짱을 낀 채로 상대를 탐색하는 사람들이 있다. 비호감의 전형적인 인물이다. 상대에게 호감을 얻으려면 일단 태도가 중요하다. 상대에게 몰입하고 있다는 안정감을 주려면 뒤로 젖혀 앉거나 다리를 꼬고 앉아 먼 거리를 두어서는 안 된다.

'지금 이 시간은 오로지 당신에게 집중할게요'라는 마음으로 적당한 거리를 두고 상대에게 바짝 집중하는 밀접 태도가 기본이다. 눈높이를 맞추고 간간이 웃음으로 응수하며 상대에게 시선을 떼지 않는다. 최선을 다하는 정성의 태도에 상대의 마음도 진지해진다.

초밀접 태도가 이루어진 뒤의 말하기는 상대의 말 속에서 센스 있는 정보를 파악하는 것이다. 서로를 잘 모르는 첫 만남에서 말을 나눌 때는 상대의 성향 파악이 관건이다. 그럴 때일수록 간보듯이 말하거나 아는 척 둘러대면 금세 들통이 난다. 상대의 성향이 어떤지를 살펴서 상대의 입장을 충분히 이해하고 그 성향에 잘 맞추어 말을 이어간다.

첫 만남에 함께 앉은 두 사람이 어쩌다가 재테크에 대한 이야기를 시작했다.

"아내 몰래 주식하다가 돈도 잃고 들키기도 하고 정말 힘들었습니다."

자신의 어려움을 꺼내 들었다.

"주식 그렇게 하다가 망한 사람 여럿 봤습니다. 아는 사람이 있는데 소개 좀 해드릴까요?"

이렇게 분위기 파악 못하면 호감은 급하락된다. 누군들 고민 안 하고 주식을 했겠는가. 말 속에 처음 본 사람에게 지적과 충고를 담고 있다. 잃은 것도 억울하고 들킨 것도 속상한데 기름을 붓는 격이 아닌가.

"힘드셨겠네요. 저도 같은 경험해 봤습니다. 공부를 한다고 했는데도 마음대로 안 되더라고요."

이해하고 멈춰야 한다. 첫 만남부터 상대를 가르치려 드는 것은 위험하다. 아무리 좋은 정보일지라도 내가 한 수 위에 있다는 인상은 자칫 상대에게 불쾌감을 줄 수 있다.

첫 만남을 호감 있게 이어가기 위한 '상대의 분위기 살피기, 센스 있는 정보 캐치, 무엇보다 상대방의 입장을 충분히 이해하는 태도'는 필수 요건이다.

아무리 아는 것이 많아도 첫 만남에서 상대를 가르치려고 들지 말자. 상대를 이해하는 적극성이 우선이어야 한다. 겸손의 대화는 사람에게 호감을 만든다. 첫 만남에 다 보여주지 않아도 만나면 만날수록 호감이 느껴지는 사람은 말에서 품위가 빛을 발한다.

Point

호감과 반감의 한 발 차이는 나를 낮추어 겸손해지느냐, 상대를 낮추어 볼썽사나워지느냐에 달려 있다.

PART 2

닮고 싶은
말과 태도들을 만나다

긍정의 언어는 에너지가 된다

드림웍스 감독 전용덕

부산영어방송국에서 제작국장으로 근무할 때다. 아침 정보프로그램을 모니터하며 방송국으로 출근하고 있는데, 한 인터뷰 프로그램이 이어졌다. 방송에 출연한 게스트의 목소리는 유난히 기분을 좋게 만들었다. 명랑한 그의 목소리는 활기차고 유쾌해 듣는 사람에게 에너지를 솟게 했다. 이야기가 한줄 한줄 끝날 때마다 그는 웃음을 달고 있었다.

무엇이 저렇게 행복할까? 인터뷰 중 그는 아내에 대한 이야기를 했다. 오늘의 성공은 아내가 보여준 응원과 격려로 시작되었다고 했다. 아내에게 성공의 공을 돌리는 말이 감동적으로 다가

왔다. 도대체 이 남자는 누구일까?

1994년, 영화감독 스티븐 스필버그(Steven Spielber)와 전 월트디즈니 스튜디오 회장 제프리 카첸버그(Jeffrey Katzenberg), 그리고 음반제작업자 데이비드 게펜(David Geffen)이 공동으로 설립한 드림웍스는 애니메이션으로 친숙하다.

그곳에서 〈슈렉(Shrek)〉, 〈쿵푸팬더(Kung Fu Panda)〉 등 드림웍스의 애니메이션 촬영감독으로 이름을 알린 전용덕 감독의 인터뷰에 홀려서 그를 부산까지 초대했다. 인상적이었던 그의 이야기를 직접 듣고 싶은 열망이 가득했는데 청소년들을 위해 그가 준비해 온 강연은 흡사 드림웍스를 통째로 옮겨온 듯 매우 인상적이었다.

강연 전날, 리허설이 끝난 후 오랜만에 한국을 찾은 그를 해운대의 숙소까지 승용차로 안내했다. 숙소 앞에 내린 그가 다음 날 강연장에서 나를 보며 아주 반갑게 인사했다.

"아, 덕분에 오랜만에 도보 운동 좀 했습니다. 정말 좋았어요!"

하이톤의 건강한 목소리와 웃으면 온 얼굴이 웃게 되는 그의 환한 표정은 보는 이를 기쁘게 만들어준다. '좋았다'는 인사에 고개를 끄덕였는데 갑자기 이상한 느낌이 전해졌다.

'도보 운동이라니, 그 밤에 왜 운동을 했을까?'

해운대라고 착각하고 그를 광안리에 내려준 것이다. 광안리에서 해운대 숙소까지 걸어서 대략 50분이나 걸린다. 낯선 거리, 으슥한 밤, 인적 드문 바닷가. 그제야 실수가 인지되었다.

"어머, 죄송해요! 그 늦은 밤에……"

나의 호들갑에 그는 예의 바른 표정과 밝은 얼굴로 손사래를 치며 호탕하게 웃었다.

"아닙니다. 오랜만에 바닷가 구경 원 없이 했어요. 생각도 정리했고요. 잊을 수 없는 추억도 만들었어요. 정말 좋았다니까요. 진심이에요. 그런데 음… 별일은 없었어요. 아무도 다가오거나 말을 거는 사람이 없더라고요. 하하하."

익살스러운 멘트로 상대의 미안함을 덮어 준 그의 말에 나는 그가 더 좋아졌다.

그랬던 그를 미국 출장길에 할리우드(Hollywood)에서 잠깐 만나기로 했다. 할리우드에서 커피 한잔이라니 상상만 해도 기분 좋아졌다.

할리우드 하면 사람들이 맨 처음 떠올리는 언덕 위에 흰 글씨로 큼지막하게 'HOLLYWOOD'라고 쓰인 사인은 영화의 도시할리우드를 상징하는 랜드마크가 되었다. '할리우드 랜드'라는 부동산을 광고하기 위해 처음 설치되었다는 이 사인은 할리우드를 찾는 사람들에게 기념사진의 배경이 된 지 오래다.

반드시 그 사인 앞에서 사진도 찍어주고 커피도 사겠다는 전용덕 감독의 일념으로 우리는 사진이 잘 나올 만한 배경을 찾느라 커피숍 몇 군데를 기꺼이 옮겨 다녔다.

고생 끝에 겨우 자리에 앉았는데 아뿔싸 이번에는 알파벳 전구가 하나 나갔는지 불이 안 들어온다. '할리우드'가 '할리드'가 될 판이었다. 글자가 잘 나오는 곳을 찾는다고 카페를 열심히 옮겨 다닌 노력이 수포로 돌아가자 우리는 다 같이 배를 잡고 웃었다. 이 빠진 할리우드였지만 그의 정성이 고마워 마음이 훈훈했다. 어떤 일이든 최선을 다하는 그의 말에는 사람에 대한 정성이 담겨 있다.

그는 늘 상대의 말에 성실한 코멘트로 반응한다. 제대로 들어주고 있다 싶으니 더 진지하게 말을 건네게 된다. 제대로 들어주는 일은 상대의 다음 말을 꺼내게 하는 자석이다.

그는 살아 있는 활어를 연상시킨다. 무엇이든 열심이다. 말은 당연히 호쾌하고 상쾌하다. 특히 긍정형의 언어가 그의 인생을 채운 듯하다. 그의 말은 불가능을 잊게 한다.

"쉽지 않을 텐데!"

"아, 그게 아니고."

"말도 안 돼요."

어떤 이야기를 하든 부정적으로 시작하는 사람들이 있다. 상대의 말에 대한 동감보다 부정의 언어로 분석하고 토를 다는 사람들의 언어는 비판에 무게가 쏠려 아무리 내용이 좋아도 피곤하고 힘이 빠진다. 대화를 나누기 지친다. 그런데 그의 말은 힘이 남다르다.

"정말요?"

"완전 흥미로운데요."

"저도 그러고 싶어요!"

말은 상대의 마음을 열기도 하고 두툼한 지갑을 열게도 한다. 우울한 사람을 살리고 생명도 구한다. 말 잘해서 손해 볼 일이 없다는 건 말이 '긍정'으로 기능할 때의 상황이다. 전 감독이 보여주는 긍정의 언어들은 에너지다.

캐나다 케이프 브레턴 대학교의 스튜어트 매캔(Stewart McCann)

심리학 교수가 긍정적인 말의 힘에 대해 연구를 했다. 14만 명의 트위터 내용을 분석한 결과 행복한 사람들의 트윗은 전반적으로 긍정적이었다고 한다. 부정적인 말을 쓰거나 뒷담화로 다른 사람을 욕하기보다 긍정적이고 쾌활한 이야기들을 올렸고, 반대로 불행한 사람들의 트위터 내용은 불만으로 가득 차 있었다고 한다. 말과 사람의 마음은 같은 결에서 이루어지고 그 결의 방향에 따라 현실이 만들어진다는 결론이다.

전용덕 감독의 성공 스토리는 긍정의 언어가 만든 결과다. 초등학교 때부터 만화를 만들고 싶었다는 그는 대학 졸업 후 대형 광고회사에 취직을 했는데 어느 날 동창이 찾아왔다.

"용덕아, 우리 옛날에 만화 만들자고 약속했었잖아. 미국 가서 공부하자."

친구의 말에 잊고 있던 꿈이 살아났지만 현실을 무시할 수도 없는 일이었다. 갑작스러운 유학이라는 무모함은 꿈일 뿐이었다. 그는 결혼했고 지켜야 할 가정이 있었으니 욕심을 따를 수 없었다. 지나가는 말처럼 꺼내든 말에 아내는 격려와 지지를 보냈다.

"당신 소원이었다면, 도전해 봐!"

용기를 준 아내의 말은 어려운 현실을 이겨내는 키워드가 되었다. 결국 미국까지 가게 되었고 자신과의 싸움에서 승리하며 드림웍스에 첫발을 들이게 됐다.

말은 독기와 온기 사이에서 사람의 성공을 쥐락펴락하는 단초가 되기도 한다. 아내의 긍정적 지지와 격려는 매사 긍정적인 전용덕 감독을 더 달리게 했다.

"할 수 있고 말고. 도전해 봐, 할 수 있을 거야!"

말은 우리 마음에 결과의 꽃을 피운다.

그의 직업은 레이아웃 감독이다. 애니메이션은 2D 작업이 많았지만 지금은 거의 3D 작업을 한다. 3D 작업에서 중요한 레이아웃 감독은 쉽게 말하면 카메라 감독이다. 캐릭터를 포함한 시각적 요소들이 어떻게 스토리를 제대로 표현하고 있는가를 지휘한다. 한 장면 한 장면 전체의 중심을 잃어서는 안 되니 그의 작업은 세밀하고 정교해야 한다. 그의 낙천적인 성격과 긍정의 언어들은 그 힘든 작업의 지지대가 되어 주었다.

한국으로 돌아오는 비행기를 타기 전 공항에서 그에게 감사 인사를 전하고 있는데, 휴대폰으로 날아온 그의 대답들이 너무 재미있어서 웃고 있으니 옆자리의 PD가 묻는다.

"뭐가 그렇게 재밌으세요?"

"한번 봐봐. 읽기만 해도 웃겨."

내 휴대폰을 본 그도 함께 웃었다. 비행기가 연착되어 짜증 나기 일보 직전인데, 우리는 그가 폰으로 건네주는 재치의 말들에 어느새 초긍정 모드로 변하고 있다.

사람을 웃게 하는 그의 말은 문자메시지로 보아도 기분 좋다. 따뜻하다, 즐겁다, 그의 너털웃음처럼 긍정적 에너지가 넘친다. '반드시 된다'고 하는 긍정의 말은 일을 되게 한다. 긍정의 주문을 걸자. 긍정으로 최면을 걸자.

나는 그를 'LA 전 서방'이라 부른다. 햇살처럼 모두를 설레게 하는 웃음이 밴 말을 하는 토종닭 잡아 넓적다리 한 조각 아낌없이 내어주고 싶은 반가운 사위 같은 사람이다. LA 전 서방을 만나 또 한 번 수다판을 벌일 그날을 기다린다.

Point

"할 수 있고 말고, 도전해 봐, 할 수 있을 거야!" 그의 긍정의 말은 결국 꿈에 결과의 꽃을 피웠다.

말과 태도 사이

짧은 만남에서도 오래도록 기억에 남을 좋은 인상을 받는가 하면, 잦은 만남에도 다시는 보고 싶지 않은 불쾌함을 경험하기도 한다. 이유가 뭘까? 자신의 말만 하고 돌아섰는가? 내 이야기를 들어주었는가? 경청이 문제다.

경청의 여왕 이윤주 박사를 떠올리면 일단 마음이 열린다. 흘려듣는 경청이 아니라, 상대와 눈을 맞추고 호흡을 맞추며 진지하게 보듬어주는 경청을 하는 그녀가 정말 좋다.

스위스 제네바 UN WIPO 책임심사관 이윤주 박사는 겨우 두 번의 만남으로 진실한 마음을 나누게 된 고마운 사람이다. 지인을 통해 온라인으로 접속된 화상에서 처음 만남이 이루어졌다. 인사를 나누는데 소프라노톤의 목소리에 상냥함이 가득했고 무엇보다 친절했다. 그 친절함이 모니터 너머로 다가왔다.

"반갑습니다! 이윤주예요. 아, 저도 부산이 고향이에요. 너무 반갑습니다."

어쩌나 보드랍게 말을 건네는지 기운이 너무 따스해서 귀를 열지 않을 수가 없었다. 첫인사로 건네는 말이 오래도록 기억을 맴돈다.

"아, 그러시군요! 저는 서울에서 왔는데 부산 산 지 20년입니다. 이젠 완전히 고향이에요."

훈훈한 에너지에 끌려 처음 만났다는 긴장감보다 반갑고 설레는 마음으로 대화를 이어갔다.

화상이라는 제약성, 상대에 대해 전혀 알지 못한다는 경계심, 어떤 대화가 오갈지도 모른다는 부담감을 다 내려놓은 말 속에서 그녀의 상냥함은 오래도록 마음에 남았다.

그런 그녀와 부산에서 가진 실제적 만남은 첫 대화가 잘 풀린 덕인지 10년을 알고 지낸 사람처럼 편했다. 서둘지 않고 나의 이야기를 듣고 또 들었다. 마치 첫사랑의 상대에 몰입하듯 이야기에 깊이 빠진 진지한 시선으로 듣는 자세는 감동적이었다. 진정성 있는 상대의 경청 태도에 하고 싶은 이야기가 술술 올라왔다.

바른 경청이란, 자신을 열어두고 상대의 이야기를 진심으로 듣는 것에서 시작된다. 그런 경청이야말로 듣는 이의 인간적 품위를 보여주는 기품 있는 자세다.

이윤주 박사의 세련되고 우아한 말은 '듣는 말'로 시작되는 방식이다. 세상을 온통 쥐고 있는 것처럼 거들먹거리지 않아도 듣는 자세만으로도 그녀의 사람 됨됨이가 보인다. 그녀와 함께 청춘들을 위한 특강을 준비한 일이 있다.

부산 출신인 그녀는 자신이 졸업한 대학은 입학 당시 부산의 하위권 대학이었음을 밝혔다.

"UN이라는 곳에서 제가 원하는 삶을 이어가고 있습니다. 저는 지방의 하위권 대학 출신입니다. 사립여고를 나왔는데, 보통의 사립학교는 오랜만에 찾아가도 같은 선생님이 오래 계셔서 졸업생을 알아봐 주시죠. 그런데 저는 아무도 못 알아보시더라고요! (청중 웃음) 제가 거의 바닥권으로 공부를 못했거든요. 존재감 없는 학생이었던 거죠.

결국 하위권 대학 외에는 선택지가 없었어요. 그런데 오히려 지금의 저에게는 '지방대 출신'이라는 이름이 '꼬리표'가 아닌

'브랜드'가 되었습니다. 꼬리표를 달고 사느냐, 브랜드를 가지고 사느냐. 선택은 여러분의 오늘에 달려 있습니다. 과거에 연연하지 않고, 오늘을 열심히 사는 일이 제일 중요합니다."

미래가 막막하게 느껴지고 혼란스러운 청년들을 위한 담대한 위로였다. 청중 속의 앳된 대학생이 손을 들었다.

"박사님 강연을 들으려고 멀리서 왔는데 오늘 말씀 너무 감동받았습니다. 제 꿈은 세계평화에 기여하는 일입니다. 꿈을 위해 대학을 졸업하고 UN의 인턴이 되려고 홈페이지를 뒤졌는데, 자격이 대학원 졸업이라고 되어 있더라고요. 세계평화에 기여하는 일이 꼭 대학원을 졸업해야만 가능한 일인가요?"

진심으로 고개를 끄덕이며 경청한 이 박사는 흥미로운 표정으로 마이크를 잡았다.

"답을 드리기 전데, 제가 질문을 하나 드려도 괜찮을까요? 학생의 진짜 목표는 세계평화의 기여입니까? UN의 인턴입니까?"

학생은 순간 당황해 답을 하지 못하고 서 있었다.

"다시 한번 물을게요! 이루고 싶은 목표가 세계평화의 기여라고 하셨는데, 진심인가요?"

실내는 순간 조용해졌다. 나는 그제야 그녀가 얼마나 꼼꼼히 질문자의 말을 경청했는지 이해했고 질문의 의중을 간파했다.

"세계평화에 기여하는 길은 굳이 UN의 인턴이 되지 않아도 수천수만 가지가 존재합니다. 줄을 잘 서는 일, 양보하는 일, 집 앞을 먼저 청소하는 일, 어려운 사람을 돕는 일, 거짓말을 하지 않는 일, 약속을 지키는 일. 사소해 보이는 이런 일들이 모두 세계평화에 기여하기에 충분합니다.

굳이 UN의 인턴이 되어야만 세계평화에 기여하는 건 아니에요. 삶의 목표가 세계평화의 기여라고 하셨는데, 혹시 UN의 인턴이 되고 싶어서 세계평화의 기여라는 이유를 내세우게 된 건 아닌지 내 삶의 목표부터 다시 정립해보는 게 어떻습니까?"

따끔한 일침이었지만, 진심이 전해졌다. 강의 후 학생에게 명함을 건네고 언제든 연락하라고 격려했다. 그녀의 말은 통찰력 있게 삶을 보는 소중한 지표가 됐을 것이다.

우리는 가끔 하기 싫은 일에도, 하고 싶은 일에도 핑계 같은 변명의 이유를 단다. 정말 원하는 것이 무엇인지 중심을 가지라는 그녀의 말은 삶의 자세를 돌아보게 했다.

코로나로 인해 몇 년간 부산을 찾지 못했던 그녀와 드디어 부산에서 다시 상봉했다. 무척 반가웠다. 여전히 상냥한 음성의 그녀와 맥주를 한잔했다.

그녀의 경청 태도는 변함이 없다. 한참 하고 싶은 말을 풀어놓

다가, 내 눈을 따뜻하게 응시하고 집중하는 그녀의 눈을 바라본다.

"어유, 잘하셨어요, 그렇게 하시면 되죠. 정말 지지해요, 대단하세요."

그녀의 자세는 경청이 주는 최고의 응원으로 내게 말을 걸고 있다. 소통은 문제를 풀게 한다. 상대를 이해하기 위한 소통은 상대의 마음을 듣는 일로 시작한다. 이 문제를 근원적으로 생각하게 하는 사람, 그녀야말로 잘하는 말의 모범적 종결자다.

Point

경청은 귀로 듣는 것이 아니다. 상대와 눈을 맞추고 마음으로 보듬어주는 것이 진정한 경청이다.

말과 태도 사이

03

인상적인 말은 타이밍이다

가수 이문세

방송국은 로비에서부터 나를 압도했다. TV에서나 볼 수 있던 연예인들 사이로 평범한 사람들이 눈에 두드러지던 일명 연예인 로비였다. 떨리는 마음을 진정하고 라디오 제작국에 들어섰다.

PD와 인사를 나누고 안내해 준 소파에 앉아 초조하고 떨리는 마음으로 주인공을 기다리고 있었다. 10분쯤 지났을 때 제작국 문이 열리며 그가 들어왔다. 낮고 부드러운 중저음의 목소리로 밝은 인사가 들려왔다.

"안~녕!"

봄바람처럼 포근한 목소리의 주인공은 가수 이문세였다. 내게 가수 이문세는 '이문세 씨'도 '사람 이문세'도 아닌 그냥 '별나라 이문세'였다.

인기가 하늘을 찌르는 가수, 90년대 아이돌의 고유명사로 기억될 법한 이름, 그 주인공이 스텝들과 인사를 나눈 뒤 내가 앉아 있는 소파로 다가오는 발소리가 들렸다. 급하지 않은 걸음걸이로 천천히 걸어와 마주 앉으며 첫마디를 건넨다.

"새로 오신 작가님? 반가워요! 이문세예요!"

'다!나!까!'가 아닌 '요~'로 끝나는 말투가 긴장감을 일시에 풀어주었다.

"새로 오신 작가분이십니까? 앞으로 잘 부탁드리겠습니다. 이문세입니다."

이렇게 공식적인 인사를 건넸더라면 어떤 마음이 들었을까? 그의 인사말은 봄바람이었다.

늦은 밤 청소년들의 아지트였던 〈별이 빛나는 밤에〉 스텝으로 합류했던 것이 90년 4월이었다. 청소년들의 높은 인기를 한 몸에 받던 가수 이문세는 마구간(당시 가수 이수만, 이문세, 유열을 두고 마삼트리오라는 별칭으로 불렸는데 그래서 별밤지기가 사는 곳을 마구간이라 불렀다)을 지키는 별밤지기로 10대들의 최고 우상이었다. 누구에게도 털어놓기 힘든 속내를 달래고 어루만져주던 별밤지기 이문세는 존재만으로도 위안이 되는 형이고 오빠였다.

69년 3월부터 시작된 〈별이 빛나는 밤에(이하 '별밤'으로 칭함)〉는 MBC 표준FM의 라디오 장수프로그램이다. 청소년들의 소통 플랫폼이라고 해야 라디오가 전부였던 시절, 10대의 어린 친구들은 울고 웃으며 라디오를 끌어안고 사연을 보냈다. 엽서에 담긴 그 살뜰한 사연들, 편지에 담긴 애틋한 이야기들이 수천 통씩 날아왔다.

매일 저녁 스텝들의 책상에는 수를 헤아리지 못할 만큼의 편지와 엽서, 선물들이 탑처럼 쌓여갔다. 엽서나 편지는 마대 자루에 담겨서 전달될 만큼 어마어마한 양이었다.

편지를 다 읽기도 힘들었다. 도와주는 친구들이 봉투를 뜯어 편지지를 3분의 1쯤 꺼내놓으면, 손에 잡히는 몇 통의 편지를 읽어보고 그날 방송할 사연을 골라야 할 지경이었다. 기껏해야 하루에 소개되는 10통 남짓의 편지나 엽서에 당첨되기 위해 얼마나 공들였을지 그 마음이 읽히지만, 일일이 다 읽고 골라내는 건 불가항력이었다. 그렇게 뽑혀서 소개되는 사연에 전국의 청소년들이 열광했다.

별밤 작가로 일하면서 그날부터 내게 가수 이문세는 '문세 오빠'가 되었다. 센스쟁이 그의 말은 어찌나 재치 있고 흥미롭던지

연예계와 담쌓고 살던 내게 매일 신세계를 보여주었다.

'와! 저 순간에는 저런 유머가 통하는구나. 아, 이런 순간에는 이런 애드립이 딱이야.'

타고난 말재주를 자랑하는 DJ계 언어의 연금술사 이문세. 그의 말이 대중들에게 호감을 주는 몇 가지 특징이 있었다.

우선 타고난 음성이 부드럽고 보드랍다. 까칠하거나 강하지 않은 목소리는 부드러운 동굴 목소리다. 누가 들어도 옆집 삼촌, 오빠처럼 다정해서 마음을 열게 한다.

더불어 그의 말은 서두르지 않는다. 그 느긋함에서 타이밍에 맞춰 튀어나오는 예상 못한 말센스가 출연자들의 긴장감을 일시에 풀어준다. 터지는 웃음에 출연자들 역시 할 말 안 할 말 가리지 않고 속을 내보이게 된다.

방송진행자의 덕목은 출연자들이 무엇인가를 속 시원히 꺼내도록 해야 하는데, 이렇게 분위기를 리드해가는 재치에 감탄하게 된다. 흔히 방송인의 재치에 감탄할 때가 많은데 타고난 입담꾼 같은 그들의 말하기를 유심히 살펴보면 이 재치는 어디에서든 활용이 가능하다.

말 잘하는 방송인이 이렇게 분위기를 리드해가는 핵심은 간단하다. 나를 버리고 상대를 먼저 보기 때문이다. 하고 싶은 말을 맥락 없이 늘어놓는 것이 아니라, 이 순간 상대가 무엇을 원하는지를 살피는 기술이 뛰어나다. 우울한 사람이 눈앞에 있다면 그를 향한 따뜻한 위로를 선사하고, 즐거운 사람이 앞에 있다면 공감으로 더 즐겁게 맞춰주면서 분위기를 끌어간다.

방송인의 말하기를 내 삶의 기반이 되는 일터에서 녹여낼 수 있다면 단박에 조직에서도 괜찮은 사람으로 주목을 받을 수 있다. 일을 할 때도 우리는 재치 있게 말 잘하는 사람을 곁에 두고 싶다. 따분하고 지루한 일상에 그 유쾌한 말하기는 힐링이 되기 때문이다.

그는 '친근함이 연상되는 부드러운 음색, 다소 느린 속도의 여유, 상대를 억누르지 않는 자유로운 분위기, 순간을 캐치하는 절묘한 애드립'까지 진행자가 가져야 하는 말의 기술을 다 가지고 있는 진행자 역량 종합선물세트의 대명사다. 방송진행자의 이런 기술을 보통 말하기에서도 능력껏 챙기고 있다면, 협상이나 회의를 이끌어갈 때 분위기를 리드하는 리더가 되기에 충분하다.

말 잘하는 고수들의 말의 특징은 '내용'만을 전달하는 것이 아니라 '의도'까지 정확하게 전달하며 주고받기 원칙에 능하다. 말 '하고' 말 '받고'의 기본 원칙이다.

그의 말은 속사포처럼 쏘아붙이지 않으니 생각할 여지를 주었다. 끌려간다는 생각이 아니라, 스스로 판단했다는 마음이 들게 해 상대가 항복하기에 적당하다. 마음에 문턱이 없어지면 상대는 깊은 곳의 말들마저 편하게 풀어낸다. 말 '받고'가 시작되는 순간이다.

같은 시간대 경쟁 프로그램이었던 〈신해철의 밤의 디스크 쇼〉는 우열을 다투는 인기프로그램이었다. '마왕'이라 불릴 만큼 강렬했던 故 DJ 신해철. 지금은 만날 수 없는 그리움이 된 그의 말은 마왕이라는 닉네임에 걸맞게 강하고 짙은 호소력이 배어 있었다.

나긋하고 설득력 있게 사람을 끌어당기는 DJ 이문세의 말과 할 말의 핵심만 골라 군더더기를 빼고 깔끔하게 전달하는 DJ 신해철의 말은 방식은 다르지만 공감과 설득력에서는 훌륭했다.

글이 아니라 진행자의 말을 써야 하는 라디오 작가에게 제일 중요한 건 DJ의 평소 말투를 연구하는 일이었다. 말의 습관, 어투, 억양, 속도, 특징을 꼼꼼히 살피는 노력을 게을리하면 안 된다. 원고가 입에 붙지 않으면, 읽고 있다는 인상을 준다. 몰입감을 얻어내기 힘들다.

무엇을 좋아하고, 어디를 즐겨 찾으며, 어떤 일들에 관심이 있느지를 평소에 꼼꼼하게 살핀다. 매니저는 아니어도 대강의 일상을 알고 있어야 원고에 반영할 수 있다. 어떤 단어를 즐겨 쓰고, 어떤 억양이 독특하며, 어떤 단어는 절대 쓰지 않고, 어떤 단어가 습관인지도 관찰해야 했다.

종종 "별밤에도 작가가 있어요?"라는 얘기를 들을 때면 '와, 내가 원고를 좀 쓰나?' 하고 기뻐했었는데 나중에 깨달았다. 어설픈 원고를 찰떡같이 소화해 준 진행자의 공로였다는 사실을 말이다.

라디오 진행자가 다 말을 잘하는 것은 아니었다. 때론 유명세가 뛰어난 연예인이 진행자로 낙점되기도 했는데, 말을 너무 못해서(특히 애드립을 전혀 못해서) 함께 일하기 힘들어하는 작가들도 있었다. 어떤 작가는 아예 메모지 뭉치를 들고 진행자의 옆에 앉아서 사연소개가 끝나면 일일이 메모를 써주었고 진행자는 그걸 그대로 읽기도 했다.

어색한 '글맛'을 감칠맛 도는 '말맛'으로 바꿔준 내공이 대단한 고수이자, 최고의 DJ와 일할 수 있었던 건 넘치는 복이었다.

그의 절묘한 애드립은 곳곳에서 진가를 발휘했다. 매주 한 코너를 맡고 있던 개그맨 이경규 씨가 방송 시간이 다 되었는데 오지 않아 애를 태운 날이었다. 항상 일찍 도착해 준비를 하니 믿고 있었는데 사태를 뒤늦게 알아차리고 PD가 급히 전화를 했는데 연락도 되지 않았다. 어쩔 줄 몰라 모두 당황하는 사이, 그의 재치 있는 말이 우리를 살렸다. 노래가 끝난 후 천연덕스럽게 마이크에 대고 이렇게 얘기했다.

"집 나간 이경규 씨를 찾습니다. 혹시 지금 이 방송을 듣는다면 이경규 씨는 급히 방송국으로 와주시기 바랍니다. 경규야, 뭐가 불만이니? 와서 얘기해! 형이 들어줄게."

출연자가 펑크를 냈는데도 그의 센스 있는 말에 청취자들은 불만은커녕 함께 즐거워했다. 잠시 후 이경규 씨가 나타났다. 스케줄을 깜빡하고 집으로 가다가 차 안에서 방송을 들었다나. 불만도 재미로 바꾸는 말의 고수는 방송사고도 재치 있는 애드립으로 막아냈다.

별밤이 끝나면 밤 12시에 생방송 자정 뉴스가 나갔다. 매일 그 시간이면 대기를 하던 아나운서가 당연히 스튜디오에 있으려니 생각했던 엔지니어는 방송 30초 전에야 스튜디오가 텅 비어 있다는 사실을 깨달았다. 시간을 착각한 아나운서가 아래층에서 달려오고 있었는데 시간은 역부족이었다. 상황이 급한 엔지니어가 방송을 끝내고 나가던 그를 다시 스튜디오로 밀어 넣었다. 갑작스러운 상황에 우리 모두 긴장했다.

"띠띠띠 땡~ MBC 자정 뉴습니다"라는 멘트가 나올 차례였다. 드디어 12시 시보가 울렸다.

"띠띠띠 땡~" 마이크에 불이 들어왔다.

"또 나왔습니다. 이문세입니다. 이렇게 또 만나니 더 반갑습니다. 아나운서가 열심히 뛰어오고 있다고 합니다. 아, 어쩌죠. 방송을 까먹었으니 시말서 쓰겠죠? 사는 게 참 고달픕니다."

아나운서의 방송 펑크에 항의를 해야 할 청취자들은 솔직한 그의 입담에 시말서를 써야 할 아나운서를 도리어 함께 걱정하는 웃지 못할 상황이 되었다.

재치 있고 익살스러운 유머를 때맞춰 제공하는 사람들은 어디에서나 환영받는다. 또한 주변을 헤아려 따뜻한 인사 한마디 먼저 내놓을 줄 아는 사람들도 마찬가지다.

연말이면 매해 별밤 달력이 제작되었다. 청취자용 선물로 배포하는 달력이었는데 들어갈 사진들을 엄선해서 골랐다. 당시만 해도 방송국 내부 모습을 잘 모르는 청취자가 더 많을 때였다. 그는 늘 스튜디오의 사진 촬영을 막았다.

"생각해 봐. 방송을 듣는 친구들은 이곳을 일반적인 라디오 스튜디오라고 생각하지 않아. 방송을 들으면서 상상한단 말이야!

그런데 이렇게 덜렁 책상 하나에 기계가 잔뜩 있는 스튜디오를 보여주면 마음이 어떻겠어? 별밤지기가 사는 마구간은 푹신한 지푸라기도 있고 막 뒹굴어도 좋을 편안한 공간이라고 상상할 거야. 상상하도록 그냥 두자!"

말은 생각을 반영한다. 작은 상상의 마음까지 배려한 그는 진정한 별밤지기였다.

그는 아내와 함께 성탄절이면 별밤 스텝들의 선물을 준비했다. 일일이 예쁜 카드에 직접 글을 적어 스텝들에게 전하는 크리스마스 선물에 우리는 늘 감동했다. 인생에서 처음으로 받은 향수 선물과 카드였다. 지금도 그 카드를 간직하고 있는데 작가의 어려움을 달래준 위로의 말이 가득 담겨 있었다.

칼바람이 서늘해지던 초겨울, 제작국에 들어선 그는 흥분된 표정이었다.

"따끈한 새 음반, 선물입니다!"

검은 바탕에 은색 글씨로 스텝들에게 일일이 사인을 담아 전해 준 선물, 노래 '옛사랑'이 담긴 음반이었다. 언제나 먼저 챙겨주는 마음의 인사 덕분에 매일 마주치는 스텝들이 그의 말에 더 크게 마음을 열었던 것이 아닐까.

때로는 재치의 웃음으로, 때로는 감동의 배려로 마음을 전하던 말의 고수 이문세가 어느 날, 불쑥 마음속의 한마디를 꺼내 들었다.

"이제 내가 떠날 때가 된 거 같아. 별밤의 담임 선생님으로 들어왔는데 어느새 교장 선생님이 됐네. 떠날 때가 온 거겠지?"

그렇게 우리 모두의 이문세는 가슴 철렁한 말을 남기더니 더 젊은 담임 선생님을 찾아 자신의 자리를 기꺼이 내주었다. 그래도 우리는 안다. 별밤은 이문세의 별밤으로 더욱 빛이 났었다는 사실을 말이다.

어떤 이야기로 오프닝을 전할까 궁리해야 했던 시절, 매일 매일 원고와 싸우는 전쟁 같았던 날이 이제는 내게도 그리움이 되었다. 프랭크 푸르셀(Frank Pourcel)의 연주로 'Merci Cheri'의 BG가 흘러나오면 별밤지기 이문세의 달콤한 음성이 '별이 빛나는 밤에'를 외치던 그 시절이 아스라이 기억난다.

2부 그의 음성으로 부른 오프닝 로고송이 끝난 뒤에는 '별 하나에 사랑과 별 하나에 행복과'라는 청취자에게 전하는 DJ 이문세의 편지 형식의 에세이가 이어졌다. 그 에세이에 담아야 할 내용을 고민하던 일은 어렵고 힘든 숙제였다. 어떤 내용을 담아야만 10대의 어린 친구들에게 위안이 될까를 고민했던 나의 푸르던 20대도 이제는 아득하다.

고민 가득했던 부족한 글들을 고수다운 말솜씨로 센스와 재치를 담아 풀어주던 그의 말들은 영원히 내 가슴속 그리움으로 살아 있다. 말의 고수 이문세라는 이름으로.

Point

재치와 센스로 가득했던 그의 말은 늘 절묘한 타이밍을 놓치지 않았다. 인상적인 말은 타이밍이다.

말과 태도 사이

04

말을 위트 있게 하려면

개그맨 이경규

그를 처음 만난 건 90년 별밤 공개방송이었다. 그는 알려지기 시작한 개그맨이었는데, 별밤 공개방송의 보조 MC로 몇 년을 함께하며 '완벽하게 웃기는 개그맨'으로 확실히 자리매김했다. 언젠가 그는 한 방송에서 별밤 공개방송 현장을 기억하며 눈물이 핑 돌 뻔했다는 멘트로 눈길을 끌었는데, 그만큼 별밤 공개방송은 그에게 잊을 수 없는 추억이었을 것이다.

공개방송을 함께하며 나는 그의 창의적인 애드립에 넘사벽의 한계를 절감했다. 그의 말은 세상을 360도 회전하며 보는 듯했다. 남이 보지 못한 이야기를 관찰해서 꺼내 드는 애드립은 상상

못한 얘기들이 꾸러미로 풀려 나오며 별밤 보조 MC 이경규를 빛나게 했다.

우리는 삶의 터전 속에서도 그와 같은 애드립의 귀재들을 종종 만나게 된다. 30년이 넘는 세월 동안 방송사와 언론사를 거치며 조직 생활을 하고 있지만, 늘 기억에 남는 사람은 회사에 큰 공로를 세운 대단한 성과의 귀재들이 아니라, 일률적이고 획일적인 조직생활을 편하고 유연하게 만들어 준 분위기 메이커 애드립의 달인들이다. 늘 시간에 쫓겨 과업과 생업의 경계선상에서 숨 막힐 때면 언제나 삶의 태도를 전환시켜준 사람들, 고단함 속에서도 여유를 상기시켜주는 즐거운 애드립은 삶의 활력이다.

어느 프로그램에서 그가 말했다.

"나도 5년쯤 별밤 공개방송을 진행했다. 이문세 씨는 그냥 DJ였고, 내가 다 살렸다. 이문세는 DJ고, 내가 별이다 별!"

그의 말에 모두 폭소했지만 나는 폭소가 아닌 뜨거운 맞장구로 그 말에 전적으로 동의한다. 말의 고수 이문세 씨의 진행을 더 맛깔나게 채워준 공개방송의 일등 공신은 이경규 씨가 맞다.

그는 공개방송에 더없이 필요한 별 같은 존재였다. 방송을 듣는 청소년들은 그의 독보적인 개그에 데굴데굴 굴렀다. 공개방송의 작가가 따로 있었는데 원고를 참 잘 썼다. 대본을 제대로 살리면서도 간혹 원고와 상관없이 툭툭 내뱉는 그의 애드립은 창의력이 넘쳐났다.

별밤은 매주 일요일 정동에 있는 MBC 라디오 극장에서 공개 방송을 했다. 정말 인기가 많았다. 변변한 놀거리가 없던 시절, 연예인을 가장 가까이에서 볼 수 있는 절호의 기회였으니 자리를 차지하기 위해 치열한 전쟁이 벌어졌다.

이런 인기 속에서 본능적인 개그감을 장착한 이경규 씨의 인기도 날이 갈수록 동반 상승했다. 그가 별밤 공개방송에 고정출연하게 된 스토리를 물으니, 한 작가가 믿거나 말거나 한 스토리를 들려주었다.

"원래는 1회 출연이었는데 첫 방송 클로징에 '다음 주에 다시 뵙겠습니다!' 이렇게 인사를 해버렸대요. 하는 수 없이 그 다음 주에 한 번 더 출연을 했는데, 완전히 그날 반응이 장난이 아니었던 거죠. 그 후로도 오래오래 함께했다는 이야기!"

믿거나 말거나 들은 얘기는 그랬다. 출연 때마다 빵빵 터지도록 청취자들을 주무른 그의 재능을 어떻게 한 번으로 만족할 수 있었겠는가.

그의 개그가 더 웃긴 이유는 말은 뱉어놓고 정작 자신은 별로 웃지 않는 무심하고 능청맞은 태도다. 때로는 화를 내듯 무심한 독설을 퍼부으며 청중을 웃긴다. 그 와중에 누구도 생각 못한 360도의 방향으로 이야기를 꺼낸다. 그의 유명한 어록이 많다.

"박수 칠 때 떠나라고요? 그렇게 떠나면 미친놈이지. 박수 칠 때 왜 떠나요! 한 사람이라도 박수 칠 때까지 끝까지 남아야지!" 그의 발상은 언제나 흥미롭다.

한 번은 유치원 아이들의 봄소풍 이야기로 원고를 쓴 적이 있다. 때는 봄이었고 소풍 가는 아이들이 많았다. 그 모습을 생동감 있게 전달하고 싶었다.

'유치원 아이들이 봄소풍을 가더라. 걸어가는 모습이 너무 귀여웠다. 줄을 서도 삐뚤빼뚤해서 앞으로 나아가지를 못하더라. 30분 거리를 가는 데 2시간은 걸린다. 그런 봄소풍, 우리도 가고 싶다.'

대충 이런 내용의 원고였는데, 원고를 받은 그는 자신만의 개그감으로 색깔을 입혀 애드립을 시작했다.

"콩알만 한 애들이 소풍을 가더라고요. 아, 콩알보다는 크죠. 닭알? 닭알에서 나온 뼝아리! 노란 뼝아리들이 뼝아리 옷을 입고 막 걸어가요. 근데 애들이 왜 그렇게 늦게 가는 줄 아세요? 요 뼝아리들이 걷는 게 참 특이합니다. 앞으로 쪽쪽 갑니다. 가긴 가!(이 대목에서 버럭) 앞으로 두 걸음! 그리고 획 뒤돌아서서 뒤로

세 걸음. 장난치느라 세 걸음씩 다시 뒤로 가요. 종일 가도 몇 걸음 못 가는 거죠? 아! 뼝아리 봄소풍. 나도 가고 싶다!(버럭)"

'병아리' 대신 '뼝아리'라는 말로 말맛을 살려준 그의 애드립은 장난치느라 가는지 마는지 애매한 귀여운 꼬마들의 걸음걸이를 실감 나게 했다. 그의 애드립은 언제나 상상을 생생하게 자극했다.

그의 말은 짧다. 툭툭 리듬을 타며 무심하게 던져진다. 장황하지도 않고 구구절절 변명하거나 친절하게 설명하지도 않는다. 그냥 하고 싶은 말을 하는 것뿐이다. 웃으라고 강요하지 않는데 저절로 웃음이 나고, 들으라고 강요하지 않는데 자꾸 듣고 싶어진다.

과하지 않게, 적당한 선에서 이야기를 잘라내는 힘. 상대의 허를 찌르는 무관심하고 심드렁한 어투는 순발력과 남다른 애드립으로 마침표를 찍는다. 고수다.

해마다 별밤 가족들과 함께 1박 2일의 소풍을 갔다. 용인에서 하는 공개방송에는 좋아하는 연예인들과 같은 버스를 타고 목적지로 향하는 즐거움이 가득했다. 풀밭에 모여 앉으면 별밤의 보조 MC 이경규 씨의 사회로 공개방송의 문이 열린다. 특유의 개그감으로 그가 마이크를 잡기 시작하면 청중은 웃을 준비를 한다.

별밤지기가 등장하고 가수들의 노래가 이어진다. 보조 MC의 숨은 개그와 별밤지기의 능숙한 진행이 만난다. 가끔은 소리를 높여 던지기도 하고, 냉랭하고 무심한 척 툭 던지기도 하는데 별밤지기는 그 말을 받아 웃음을 만들어 낸다.

신기했던 건 방송이 끝난 후면 내 기억 속의 그는 늘 말이 없었다는 거다. 사석에서는 별로 말이 많지 않았던 그를 보며 대중을 웃게 한다는 것이 얼마나 고된 일인지를 절감했다.

방송이 끝나면 그의 개그도 종료되는 것처럼 보였다. 그러다 보니 종종 오해를 받기도 했다. 다소 무뚝뚝해 보이는 말투와 무표정한 모습은 종종 화난 사람 같아서 어려워하는 어린 작가들도 있었다. 그러나 큐사인이 떨어지면 그는 다시 '너무 웃기는 개그맨 이경규'였다.

그는 예나 지금이나 똑같은 개그맨 이경규다. 앞뒤 다르지 않은 '솔직한 이경규'를 이해하면 그 무표정 속에 숨은 '진짜 사람'이 보인다.

최근 어느 프로그램에 나와 그는 자신의 모습에 대한 솔직한 인터뷰를 했다.

"왜 이렇게 화가 많이 나는지 모르겠다. 옛날보다 더 심해졌다. 카메라 앞에서는 화를 잘 안 낸다. 이미지 관리 때문이다. 그런데 카메라만 없어지면 화가 난다. 누구든 걸리면 화를 낸다. 이 프로그램에 출연하기 전에도 화를 냈다. 프로그램 설명을 듣는데 정말 많은 일을 시키길래 휴대전화를 던져 버렸다. 그런데 막상 촬영 현장에 오니 시킨 일을 다 하고 있다. 애꿎은 작가들에게 화를 낸다. 저녁에 함께 술을 마시면서 사과한다."

오래전부터 그를 보아 온 나는 그 말에 마음이 찡했다. 무던히 애를 쓰며 자신을 다스린다는 솔직한 고백이 인간적으로 느껴졌기 때문이다.

오랜 시간 동안 한결같은 인기로 연예계 생활을 누린다는 것은 그만큼 힘든 고통을 감내해야 가능하다. 위선이나 허세와 거리가 멀었던 솔직한 그의 노력들이 있었기에 40년이 넘는 긴 시간 동안 팬들과 이어져 온 것이 아닐까.

말로는 당할 자가 없는 창의력의 넘사벽, 그의 개그는 항상 새롭다. 생각 못한 이야기를 단박에 끌어온다. 순간순간의 남다른 재치를 위해 무던히 애쓰며 달려왔을 그 노력에 박수를 보낸다.

Point

세상을 한 가지 색으로만 보면 편견이 생긴다. 다르게 생각하는 관찰력이 위트 있는 말을 만든다.

05

서로를 키워주는 꽃이 되라

생물학자 최재천

플라스틱 컵 하나쯤 아무 생각 없이 쓰면 안 되는, 그런 시대를 살아가고 있다. 넘쳐나는 쓰레기들 속에서 내 아들딸이 살아갈 미래가 걱정되기 시작했던 건 스웨덴의 10대 환경운동가 그레타 툰베리(Greta Thunberg)의 기사를 본 이후다. 한 소녀의 절박했던 기후위기에 대한 외침은 세계를 충격에 빠뜨렸다.

그런 툰베리에게 편지를 보냈다. 대한민국 청소년들의 환경에 대한 관심에 함께해 달라는 요청을 담았다. 고급스러운 영어문장이 아니라 환경에 대한 진심을 담으려고 노력했다. 뜻깊은 응답이 두 달 뒤에 날아왔고 작가와 나는 그 답에 열광했다.

비록 툰베리를 부산까지 초대하는 일은 성공하지 못했지만 그녀와 함께 환경보호에 적극 나서고 있는 미국과 대한민국의 주니어행동가, UN의 환경전략국장, 수백 명의 학생들이 모이는 컨퍼런스를 성사시켰다. 그렇게 출발한 주니어해양 콘퍼런스가 올해 3회째를 맞이한다.

전국의 10대 청소년과 선생님들을 찾아다니며 뜻을 모았다. 곳곳에 숨은 열정파 학생과 선생님들의 환경문제에 대한 공감은 가슴을 뛰게 했다. 전국을 다니던 중 하나의 공통 단어가 등장했다. 생태학자 '최재천'이라는 세 글자였다.

도서 《통섭》의 번역자로만 알고 있던 최재천 교수의 환경 담론은 학생들과 교사 사이에서 이미 소문이 자자했다. 콘퍼런스에 그를 초대해 달라는 요구들이 많았다.

최재천 교수는 생물학 박사다. 국립생태원장 역임 후 이화여대 석좌교수로 생명다양성재단을 이끌어가며, 최근에는 유튜브로 큰 인기를 얻어 개미박사, 앤트맨(ant-man)으로도 불린다. 사회생물학의 창시자인 하버드대 에드워드 윌슨(Edward Wilson) 교수의 제자이며, 그에게 '다양성'이라는 말은 고유명사처럼 따라다닌다.

그런 그를 만나러 서울로 향했다. 메일 한 통으로 일정을 조정하고 강의를 요청하는 형식적인 틀을 벗고 싶었다. 주니어들의 환경에 대한 뜨거운 열망을 직접 전달하고 기조연설자로 초대할 계획이었다.

대면하고 마주 앉아 대화를 나누려면 어느 정도의 지식으로 무장해야 한다고 생각했다. 환경위기에 대한 기초적인 지식도 없는 사람이 어떻게 그를 기조연설자로 설득할 수 있겠는가! 예의가 아니라고 생각하니 잡다한 환경 지식 쌓기로 미팅을 준비했다.

아직 쌀쌀한 이른 봄, 약속한 건물에 들어서다가 로비에서 마주쳤다.

"아, 부산에서 오셨죠? 찾기는 어렵지 않으셨어요?"

따뜻한 배려의 인사말에 긴장이 풀렸다.

"아, 교수님. 저희 때문에 일찍 나오신 건 아니세요? 고맙습니다."

서로 인사를 전한 뒤 연구실에 도착해 본격적인 이야기가 시작됐다. 그리고 채 1분도 지나지 않아 내 머릿속의 모든 계획은 깡그리 무너졌다. 어떻게든 열심히 공부한 지식들을 꺼내 놓아야 대화가 될 거라고 생각했던 나의 계획은 수포로 돌아갔다.

공감이란, 지식의 나열이 아니라 마음이 진심에서 우러나는 것임을 절감했다. 환경에 대한 진심의 이야기 앞에 달달 외우듯

말과 태도 사이

이 머리에 쌓아 온 급조된 나의 지식들은 의미 없는 종이 속 글씨로 사라지고 있었다.

말의 설득력이란 그런 것이었다. 품격과 품위는 암기한 지식에서 나오는 것이 아니라, 그 일에 대한 최선의 열정과 관심에서 나오는 것임을 진심으로 깨달았다.

1시간 30분 동안 이어진 말들은 자연에 대한 뜨거운 관심의 메시지였다. 다음 세대를 위한 환경의 이야기를 나누며 아무리 힘들어도 포기할 수 없다는 공감의식으로 눈가가 시큰해지기도 하고 유쾌하게 웃기도 하면서 말은 이어졌다.

영국의 동물학자 제인 구달(Jane Goodall)과 최재천 교수가 함께 하는 생명다양성재단은 2013년에 만들어진 공익재단으로 생물과 환경연구, 자연과 환경문제를 해결하려고 노력하는 단체다. 누구나 환경문제를 자신의 문제로 인식하기를 바라며 세상의 변화를 꿈꾸고 있다.

기조연설을 흔쾌히 허락한 교수님과 긴 이야기를 끝내고 일어서는 길이었다.

"그냥 메일로 주셨어도 될 일을……."

나를 배웅하며 먼 거리를 걱정해 준 교수님의 말씀이 따뜻하게 마음에 왔다.

"아닙니다. 이 일을 해야 하는 이유를 교수님께 직접 확인받고 싶었습니다."

우리는 또다시 흡족하게 웃었다. 마음에 품은 진심의 말은 형식이 아니라 마음으로 다가오는 법이다.

"자연을 사랑하면 환경보호와 실천이 이어진다"고 강조한 그는 '알면 사랑한다. 사랑하면 표현한다'는 가치를 내세우며, 이 의미의 실현을 위해 무엇보다 다름을 이해하고 수용해야 한다고 강조했다.

최근에 그는 유튜브 방송에서 말 잘하는 하버드 학생들의 수업방식에 대해 이야기를 했다. 토론 수업에 강한 하버드생들은 대단한 말솜씨로 자신의 말을 논리적으로 풀어갈 줄 안다고 칭찬했다. 어려서부터 말을 잘하는 아이들로 길러지는 능력의 소중함도 놓치지 않았다.

다양한 사람들의 의견을 배척하지 않고 수용할 줄 아는 힘, 일방적 말하기가 아닌 상대의 다름도 인정하면서 다양한 의견을 수용하는 지적 대화야말로 자신이 성장하는 소중한 공부라고 그는 강조한다. 온실 속에서 키워진 화초가 아니라 서로를 키워주는 꽃이 되기 위해서는 여러 의견을 수용할 줄 알아야 한다는 것이 그가 말하는 진정한 공부의 맥락이기도 하다.

다양성을 인정하는 수용의 말, 품위 있는 말은 그렇게 시작된
다.

서로를 키워주는 꽃이 되기 위해 다양한 타인의 말을 적극적으로 수용하는
일, 그것이 진짜 말공부다.

06

좋은 뒷모습이
좋은 기억을 만든다
우아한형제들 CCO 한명수

지역의 젊은 후배들과 함께하는 모임이 있다. 전국의 유능한 강사분들을 모시고 좋은 강연을 듣자는 취지인데 하루 1000원씩 자기 돈을 모아 공부하자는 게 핵심이다. 매달 첫 토요일 이른 아침에 강의를 듣는다.

모임의 이름은 '팀마클럽'이다. 조직 안에서 팀장은 최고 간부도 아니고 평사원도 아니다. 맡겨진 작은 권리로 책임과 의무를 다해야 하는 자리인데, 이런 마인드로 자신의 인생을 설계하자는 의미로 '팀장 마인드 클럽'을 줄여 '팀마클럽'이 되었다.

우리는 유명강사를 섭외할 때 팀마클럽의 취지를 상세히 설명한다.

"우리 모임은 '조직이라는 우물 안에서 시간을 견디는 사람이 아니라, 매일매일 혁신하겠다는 자세로 하루에 자기 돈 1000원씩을 모아 공부하는 내돈내산 모임'입니다."

많지 않은 강사료임에도 이런 절절한 요구를 들어주는 유명인이 의외로 많다. 의미 하나만 보고 수락해준다. 역시 세상은 간절히 원하면 통하는 길이 있다.

올해 첫 강연을 두고 강연자를 고민했다. 다람쥐 쳇바퀴 돌 듯 매일 거기서 거기인 일상, 생각의 동맥경화를 뚫어 줄 기발한 창의성을 가진 사람은 없을까! 그러다가 인터넷 기사에서 우아한형제들의 배달의민족 CCO 한명수 상무를 보게 되었다.

섭외를 하기 위해 출판사로 연락을 했는데, 개인 연락처를 알려줄 수가 없다고 했다. 이곳저곳 뒤지던 섭외담당 친구가 연락처 찾기가 너무 힘들다고 전화가 왔다. 실마리가 풀리지 않을 때는 가장 기본에서 해답을 떠올리는 게 상책이다.

'출판사가 아니면 매일 출근하는 회사로 연락하면 되잖아. 처음부터 왜 그 생각을 못했지?' 회사의 대표번호로 전화를 걸었고 비서실과 연락이 닿았다. 하루 만에 답메일이 왔다.

'제안에 감사하지만 아쉽게도 강연 요청일에 일정이 있어 어렵다'는 내용이었다.

거절이었다. 방송 PD로 무수한 섭외 거절을 감당해 보았으니, 다음을 약속해보자 싶었는데 30분쯤 지났을까 메일 한 통이 날아왔다.

안녕하세요, 유정임 대표님. 우아한형제들 한명수예요. 회사 공식 채널로 강의 요청 연락이 와서 공식 답변은 전달드리긴 했는데요, 다음에 회사 채널로 연락주시려면 번거롭고 마음 어려우실 듯하여 개인적으로 추가 답신 보내드립니다. 다음에 또 문의하실 일 있으시면 이쪽으로 바로 연락주셔도 되거든요.

팀마클럽 이름 소개 정말 인상적이고요. (열정이 느껴지고 멋있쩌용!) 이번 일정은 어렵지만 다음에 또 계획이 생기시거든 문의 주세요. 부산이 꽤 먼 거리라 일정 잡기가 쉽지 않아서 죄송해요.

이 유쾌하고 기분 좋은 거절은 뭐지? 그에게 급호감이 생기고 말았다. 그 후 서로 일정을 체크하느라 여러 번 연락을 주고받으며 강의 일정이 잡혔지만, 나는 무엇보다도 그의 명랑하고 발랄한 기운에 빠져들고 말았다.

주고받은 메일과 톡에서 재치 있는 문투와 적재적소의 이모티

콘이 사람을 얼마나 들뜨게 하는지 부산에서 만날 날을 손꼽아 기다렸다. 기대감 가득했던 강연일 그의 등장부터 예사롭지 않음을 느꼈다. 텐션 높은 강의는 일사천리로 우리의 마음을 파고들었고, 그의 한마디 한마디가 좌중을 웃겼다.

팀마의 회원들은 너무 행복해했다. 기업문화를 사람 중심으로 풀어간 창의적 발상의 아이디어들이 회사 곳곳에 넘쳐나고 있었다. 말 한마디라도 '듣는 사람 중심, 일하는 사람 중심으로 바꿔보겠다'는 인식의 전환이 조직을 살려내고 있었다. 그런 기발한 아이디어를 담은 그의 말은 쉽고 빠르게 우리를 물들였다. 말 한마디로 사람을 물들인다는 것은 얼마나 대단한 일인가.

'다 때가 있다'는 문구를 담은 '때수건'까지 판매한다는 이 회사의 원칙은 본질적인 일과 본질적이지 않은 일을 병행해서 고객에게 다양한 즐거움을 전하겠다는 철학이 분명했다.

그의 강연에서 그가 보였다. 사람이 보이는 강연이자, 성격과 인품이 그대로 녹아 있는 강연, 품위 있는 강연이었다. 2시간 내내 우리를 사로잡은 이유를 생각해봤다.

1. 사용하는 단어들이 지식으로 무장된 어려운 단어들이 아니었다.

누구나 알 법한 이야기들을 센스 있게 엮어서 누구나 뻔하게 쓰지 않는 방식으로 전달한다. 쉬운 단어가 머리에 들어와 기발한 생각으로 이어지게 하는 강연의 언어들은 살아 있다.

2. 듣는 사람의 기를 살려주는 말이었다.

강의 종종 던져지는 그의 질문에 누군가 대답을 했고, 그 소소한 대답들에 요란하게 맞장구쳐주고 유난한 액션으로 상대의 기분을 받아준다. 상대의 기를 살려주니 청중은 더 기쁘게 강연으로 빨려 들어간다. 그의 품격은 여기서 나온다. 모두 그 순간 그의 인격적 됨됨이를 마음으로 받아들인다.

3. 쉼 없이 움직이며 시선을 이동시키는 전달 방식은 지루함을 가질 틈이 없다.

이 얘기에 빠져 지루할 만하면 다시 저 얘기로 화제를 돌리고, 강연자의 움직임이 화제와 같이 이동한다. 현란한 스킬이다.

이 시끄럽고 요란하면서도 공감 가득한 쇼맨십의 강사를 만나지 않았다면 고인 물에서 허우적거리며 사는 일에 하품을 연신 내뱉었을지 모르겠다.

강연이 끝나고 우리는 그를 에워쌌다. 한 사람 한 사람 명함을 주고받으며 인사까지 성의 있게 한 그는 1~2분의 대화 속에서도 인사를 귓등으로 흘리지 않고 귀담아듣고 있었다. 마지막까지 깔끔하게 그의 강연이 마무리되었다.

아무리 뛰어난 강연으로 청중을 사로잡았다고 해도, 강연 후 건성으로 인사하며 청중을 스쳐 지나갔더라면 그 훌륭한 강연이 내내 마음에 남기나 할까? 한 사람의 청중이라도 결코 서운하지 않게 끝까지 인사를 나누는 그의 태도는 지적 대화의 달인이라는 생각을 지울 수 없게 만들었다.

좋은 강연을 들으러 수없이 다녀 보았다. 그러다가 '다 된 죽에 코 빠뜨리는' 강사도 여럿 보았다. 아무리 명강연을 했어도 강연장을 나가는 그의 뒷모습이 위압적이거나 이질감이 느껴지면 사람들은 곧 실망한다.

비단 강연자뿐만이 아니다. 사람 사이에도 말에 책임을 지지 못하는 실망스러운 사람이 무수하지 않은가? 자신의 말과 행동이 끝까지 이어지지 않는다면 사람들은 머지않아 진실을 눈치채게 된다. 말이 설득력을 가지려면 말에 대한 책임을 다해야 한다.

강연을 끝내고 기차 시간에 맞춰 부지런히 부산역에 간 그가 카톡을 보내왔다. 카톡으로 날아온 사진은 우리에게 받은 많은 명함을 흡사 부채처럼 쫙 펼쳐서 찍은 사진이었다. 그리고 각 명함마다 사람을 보고 느낀 인상을 짧게 적은 메모도 보인다. 사람을 기억하는 그 정성의 방식도 인상적이었다.

오늘 받은 명함들 하나하나 보면서 그분들의 생기 있는 표정을 떠올리니 뭐 이리 행복하고 기분이 좋아지는지 부산에 잘 온 것 같아요.

어제 오는 ktx에서도 일하느라 찌들었는데 다시 살아났어요. 좋은 세상 엿보고 생기 얻어 가게 해주셔서 감사인사 넙죽 드려요. 저도 유정임 선생님처럼 온 에너지 쏟아 사람들 살리는 일 하며 힘내볼게요.

명랑한 에너지를 명랑한 말로 보내 준 그의 메시지에 절로 미소가 지어진다. 그의 말은 빠져들게 한다. 아니 물들인다. 그런 그를 종종 만나서 물들어야겠다. 흥겹고 즐거운 기분으로 잘 살기 위해서 말이다.

Point

상대의 기를 살려주는 말이야말로 화자의 인격을 보여준다. 인정받는 순간, 상대의 됨됨이에 빠져들게 된다.

말과 태도 사이

07

다른 것이 살아남는다

콘텐츠 전문가 이진아

그녀의 명함을 받아 들고 고개를 갸우뚱거렸다. 손가락 마디만 한 길고 폭 좁은 명함을 어떻게 간수하지? 난처한 기색을 읽었는지 내게 묻는다.

"보관하기 불편하시겠죠! 폰에 저장하시고 사람만 기억해주세요. 그래도 그 명함 때문에 제가 기억이 날 걸요. 아, 그때 그 특이했던 명함?"

고개를 끄덕이며 공감의 인사를 보냈다. 그렇게 그녀가 훅 내게 들어왔다.

콘텐츠 컬렉션 대표라는 생소한 직함에 고개를 갸우뚱하다 특이한 명함에 고개를 들었고 동그란 안경에 담긴 호기심천국 같은 눈과 마주쳤다. 뭔지 몰라도 알 것 같은 느낌, 웃음이 났다.

그녀는 콘텐츠를 기획한다. 다양한 이야기들을 책으로 묶어내는 기획도 하고, 다양한 이야기를 스피치로 연결하는 기획도 하고, 다양한 이야기들을 사업거리로 바꾸는 기획도 하고, 이벤트로 프로그램으로 무형의 자산에 숨을 불어넣어 콘텐츠라는 이름으로 생명을 준다.

그녀의 일의 방식은 다소 독특했다. 일주일에 4일 일하고 금요일과 주말에는 캠핑을 즐긴다고 했다. 자동차에는 언제나 캠핑 도구가 실려 있다. 사무실이 별도로 존재하지 않고 어디든 노트북을 열면 사무실이 열린다고 했다. 정말 꿈꾸던 일의 방식이 아닌가. 흔히 말하는 N잡러의 일상이었다.

그녀는 호기심이 왕성해 이것저것 시도하다가 아버지로부터 항상 야단을 들었다고 했다.

"너는 왜 한 가지를 진득하게 못하고 그렇게 산만하냐?"

그런데 그렇게 혼이 났던 아버지의 타박이 오히려 지금의 이 시기에는 재능이 되고 강점이 되었다. 10가지도 넘는 일을 동시에 해낼 수 있어야 하는 콘텐츠 기획자. 다양한 콘텐츠에 여러 옷을 입히는 일은 언제 시작해 언제 끝날지 모르는 창의적 사고와 연속성이 있어야 한다. 들고 나는 시기가 일정치 않으니 일을 한 번 시작하면 계속 겹치면서 십수 가지의 일이 동시에 펼쳐진다.

그중에서도 그녀가 애착을 갖는 두 단어가 있다고 하니 '딴짓'과 '오지랖'이다. 융합의 시대에 딴짓과 오지랖은 세상 최고의 덕목이라는 그녀의 말에 나는 시원하게 웃는다.

"한 우물 파던 시대는 가고 다른 시대가 온 거예요. 앞선 세대가 멈춘 곳에서 다시 나만의 방식으로 나아가는 거죠. 그래야 다른 세상이 열려요."

왜 이제야 그녀를 알게 되었을까. 그녀의 이야기를 듣고 있으면 그 누구의 이야기도 그 누구의 생각도 아닌 독창적이고 기이한 생각들까지 마구 터져 나온다. 그런 생각들과 소통하려고 애를 쓰면 나도 콘텐츠 전문가가 될 수 있다는 착각 아닌 착각에 빠져든다.

"누구나 콘텐츠를 만들 수 있어요. 전문가도 될 수 있고요. 당연하죠. 딴짓이 얼마나 쓸모 있는 일인지 모르셨죠? 사람들은 왜 딴짓을 나쁜 거로만 볼까요? 딴짓하다가 창조적인 것들이 만들어지는 건데!"

그래서 그녀와 만나서 나누는 대화는 산만하다. 이 얘기를 하다가 저 얘기를 하다가 아무 말 대잔치를 벌이는데, 그런데 나누는 얘기들이 모두 보물이다. 어떻게 저런 보물들을 숨겨 놓았는지 감탄한다. 이리저리 날아다니며 귀를 간지럽힌다. 쏙쏙 파고들어 결국 이 산만하게 넓은 이야기들이 하나의 콘텐츠로 이어지는 결론이 된다.

신발은 항상 왼쪽과 오른쪽 두 쪽이어야 한다는 생각에 다른 생각을 보태면 '왜?'라는 생각이 몰려든다. 아이를 업어주다가 한쪽만 벗겨져서 잃어버리면 남은 한쪽이 아깝다. 그래서 나온 아이디어가 아기들의 한쪽 신발 아니었던가?

고무장갑 역시 왼쪽 오른쪽 세트로 팔던 것을 한쪽만 판매하기 시작한 것도 두 쪽의 상식에 딴짓을 보태니 가능했을 일이다. 이 딴짓의 기발한 창의성. 정말 대단한 용어다.

아무 말 대잔치를 하다가 말끝마다 터져 나오는 새로운 아이디어와 새로운 사람들, 그 방대한 것들이 묶인다. 그러다 실패하면 우르르 무너질 자괴감이 두렵지 않느냐고 물었다.

"실패하면 다시 하면 되죠. 다시 할 때 안 해본 방법을 궁리하면 되고요. 사람 사이요? 실수하면 사과하면 되고, 만회할 방법을 찾으면 되는 거 아니에요? 걱정부터 앞세우는 순간, 아무 일도 일어나지 않을 거예요!"

마음에 상처를 받는 날이면 이 대단히 쿨한 아무 말 대잔치의 위로가 심하게 그리워진다.

그녀의 말은 속도도 빠르고 리액션도 살아 있다. 그중 뛰어난 장점은 그녀의 대화에는 알맹이가 있다는 점이다. 말만 내세우는 것이 아니라 실천이 가능하게 이어가는 능력과 의지가 무섭다.

다양한 아이디어로 실천을 결정했으니 주저함이 없다. 눈치 보며 머뭇거리지 않는다. 많은 경험과 생각을 통해, 행동으로 옮길 말에만 방점을 찍는 그녀의 대화 방식은 말만 앞세우다가 아무것도 하지 못하는 일들과는 거리가 있다. 산만하게 쏟아지는 아이디어들이지만 이미 나름의 검증을 끝낸 이야기들이다. 알맹이 있는 대화들이 실없는 수다가 아님을 증명한다.

초등학교 6학년 때인가. 학교 합주부에서 피아노를 맡았던 나는 학교로 가는 길에 갑작스런 배앓이로 연습시간에 늦고 말았다. 음악실로 달려가 보니 이미 연습이 시작되었다. 문을 열고 들어갈 엄두가 나지 않았다. 그날은 마침 방송사 촬영이 있는 날이었고, 아이들이 다 있는 자리에서 늦었다고 창피를 당할까 두려웠던 나는 망설이다가 결국 집으로 돌아오고 말다.

다음 날 합주부 친구들이 TV에 나왔다. 방송 출연이 드물었던 시절, 자랑하는 친구들이 몹시 부러웠고 그제야 크게 후회했다. 무엇인가를 얻기 위해서는 행동에 책임을 져야 한다는 사실을 깨달았다. 야단 듣기를 두려워하지 말았어야 방송 출연이라는 자랑을 얻을 수 있었을 일이다. 간절히 원한다면 두려움을 버리고 기꺼이 도전해야 한다. 딛고 도전해야 얻을 수 있다. 이진아 대표는 자신의 인생에 남의 눈치를 보지 말라고 조언한다.

"남들이 부러워하는 유명한 출판사에서 일했어요. 안정적이고 편했죠. 그런데 그냥 그렇게 편하기만 한 직장인이 될 거 같은 거예요. 재밌게 살아보겠다는 마음으로 사표를 썼어요. 만약 그때 주변의 눈치와 타협했다면 저에게 오늘은 없었겠죠!

남의 눈치를 버리세요. 내 인생에 남의 눈치는 큰 영향력이 없답니다. 남들의 관심은 그리 오래 가지도 않아요. 달리는 열차에서 내리면 다칠 것만 같다고요? 길을 잃을 것만 같다고요? 아니요! 오른쪽으로 왼쪽으로 꺾을 수도 있고 심지어 돌아갈 수도 있더라고요."

그녀의 말은 자동차 기름 같다. 달리도록 하는 원동력이 된다. 알맹이가 풍부하니 설득력도 있다.

아침 9시 주부 프로그램을 제작했던 시절, 천하무적 같은 타 채널의 동시간대 주부 프로그램을 어떻게 이겨야 할지 방법이

묘연했다. 주부 프로그램이 다 거기서 거기라는 이야기가 문제였다. 아이, 남편, 살림, 요리, 교육, 부동산 등 아이템은 뻔했다.

뭘 바꿀까? 섬광처럼 다룰 수 있는 소재들이 뻔하다면 다루는 방식을 바꿔보자는 생각이 스쳐 지나갔다.

경쟁 프로그램의 진행자는 50이 넘은 관록의 연예인이었고, 나는 30대 초반의 젊은 주부였다. 생각의 관점을 재배치했다. 경쟁 프로그램은 우리 시대 '어머니'가 주인공이었다.

나는 결혼반지 팔아서 아이들 대학 보내던 희생의 어머니에서 '희생'이라는 단어를 버리기로 결심했다. 더 이상 그런 어머니의 삶을 이어가지 말자고 주장했다. 오히려 "아이들 돌반지 팔아서 엄마가 대학원에 가라"고 했다. "더 많이 공부해서 지혜롭고 현명한 엄마가 되는 것이 남는 일"이라고 주장했다. 관점이 다른 말들이 새로운 청취자를 이끌어내며 장수 인기 프로그램이 되었다.

어느 날 이런 청취자 사연도 왔다.

"5살 아이를 데리고 버스를 탔는데, 아무도 자리를 양보해주지 않았어요. 젊은 학생들도 많았는데, 아무도 안 비켜주더라고요. 사회가 각박해진 거 같아요."

당시 30대 초반이었던 나는 희생의 어머니를 버리기로 결심하고 애드립의 각도를 틀었다.

"서운하셨겠어요. 아이 데리고 버스 타면 너무 힘들죠. 그 마음은 충분히 이해되는데요, 이렇게 생각해보면 어떨까요? 5살 아이도 서서 갈 수 있다! 이렇게요. 젊은 친구들도 피곤할 수 있고 차비 냈으니 앉을 자격도 있어요. 피곤한 학생들 곁에 어린아이 바짝 세우는 엄마라는 인상, 그런 오해는 받지 맙시다. 우리 그런 거 원치도 않잖아요. 5살도 서서 갈 수 있습니다. 생각을 바꿔 보자고요!"

청취자의 반응은 2가지로 나뉘었다.

"맞다, 달라져야 한다! 말 정말 잘한다."

응원이 왔다.

"아니, 공인이 그렇게 말해도 되나요? 자리를 비켜줘야지."

야유도 왔다. 달라지려면 감수해야 할 일이었다. 그러나 결국 응원하는 사람들이 남으면서 프로그램을 지지해주었다. 그렇게 11년이 지났다.

식물은 자기 그늘에 씨앗을 뿌리지 않는다고 한다. 가능한 한 멀리 내쳐야만 씨앗도 제 터에 제 뿌리를 내리고 잘 살아갈 수 있다. 벤저민 프랭클린(Benjamin Franklin)은 '나에게 말로 하면 잊을 것이고, 가르쳐주면 기억할 것이고, 참여하게 하면 배울 것'이라고 했다.

말과 태도 사이

이진아 대표를 만나면 그런 풍요로운 거름을 얻는 기분이다. 버릴 게 없다. 사실에 근거한 자신감으로 세상에 대한 시선을 넓혀주니 '달라야 산다'는 자극도 받는다. 세상을 앞으로 나아가게 하는 힘, 그런 그녀의 말을 오래도록 듣고 싶다.

Point

실천이 따르지 않는 말은 가치가 없다. 말은 책임의 알맹이를 품어야 한다.

08

생각을 하고 내놓는 진정성의 언어

방송인 타일러 라쉬

주변에서 벌어지는 기후의 이상 징후는 어제오늘의 이야기가
아니다. 위기에 처한 지구를 살리는 일은 절대 간과할 수 없는
중대사로 부상했다. 그런 가운데 환경에 대한 남다른 시선으로
책까지 발간한 타일러(Tyler Rasch) 대표를 강연에 초대했다.

환경에 대한 조리 있고 박식한 그의 이야기들은 놀라울 지경
이었다. 특히 이 모든 생각과 경고를 그는 유창한 한국어로 전달
한다.

그에게 한국어는 '말하기' 위해 배운 말이 아니라, '설득하기'
위해 배운 말로 보인다. 말을 소리로 흉내 내는 것이 아니라 그

뜻을 이해하고 의미로 전달한다. 참으로 대단한 능력이다.

생각해보라. 속뜻의 진중한 의미와 상관없이 그냥 생활소음처럼 쓰는 말들이 많다. 허투루 내놓는 그 말들은 자려고 누우면 이불을 차고 싶은 후회로 다가온다.

그의 말은 생각을 하고 내놓는 진정성의 언어다. 그래서 그의 말에는 언제나 특별한 감동 포인트가 있다. 추진하고 있는 주니어들의 환경 행사에 그는 2년 연속 홍보대사를 맡고 있는데, 한 행사에서 그를 향해 이런 질문이 나왔다.

"타일러 씨는 환경운동하시니까 플라스틱을 안 쓰실 거 같은데, 솔직히 가끔 귀찮아서라던가 어떤 이유로 실천을 못할 때는 없으세요? 그럴 때는 어떤 마음이 드시는지 궁금해요. 저도 실천하려고 애쓰는데 어떨 때는 잘 지키지 못해서 죄의식을 느끼거든요."

질문이 끝나자마자 그는 안경을 치켜올린 뒤 동그랗게 눈을 뜨고 매우 강경하고 단호한 어조로 힘주어 말했다.

"절대로 그런 생각을 하면 안 되는 거예요! 환경문제는 우리가 혼자 반성한다고 해결될 일이 아닙니다. 환경문제를 초래하는 유해한 일들이 우리 개인 한 명이 플라스틱을 마구 썼다고 분리수거를 제대로 안 했다고 해서 발생하는 그런 종류의 문제는 아니라는 거죠.

그건 정책적인 제도를 만들어서 실행해야 하는 정부의 책임인 거예요. 우리가 플라스틱 빨대를 써서, 목욕시간을 너무 길게 해서, 이런 것들이 미치는 영향은 정말 미미해요. 본질적인 문제를 해결하려면 행정적 시스템이 만들어져야 해요! 그래서 미래세대인 여러분들이 적극적으로 요구해야 합니다. 여러분들이 선거권을 가지게 되면, 환경에 진심인 사람을 뽑아야죠. 우리의 선택이 얼마나 중요한지 알아야 해요."

깜짝 놀랐다. 그렇게 생각해본 적이 없었기 때문이다. 내가 일회용 컵을 써서, 내가 재활용을 제대로 하지 않아서, 내가 자동차를 많이 타서 환경을 망친다고만 생각했다.

환경문제는 개인의 탓이라고 생각해 왔는데, 생각의 반경을 넓힌 그의 논리는 타당했다. 강력한 호소를 담아 이야기를 한 그의 한국어는 콕콕 마음의 행간을 집어내는 따가운 질책이었다. 미처 생각하지 못했던 말의 갈피를 잡아내는 그의 말은 놀랍게 설득력이 있었다. 정말 타일러의 한국어는 지적인 향기만 가득한 게 아니라 지적인 단어를 제대로 사용하는 감동의 향기도 가득하다.

그가 세상에 알려지기 시작한 건 한 케이블 방송의 외국인 출연 프로그램이었다. 말 잘하는 똑똑한 외국인들이 다 모였다는 한 프로그램에서 그는 공식 브레인이었다. 출연진들이 다 똑똑하다고 인정받았지만, 그는 공식 캐릭터가 될 만큼 대단히 똑똑했다.

한국인도 이해가 힘든 전문용어를 쓰고 거침없이 그 뜻을 설명해 감탄을 자아냈다. 어설프게 공부한 지식의 아는 척이 아니라 말을 제대로 이해하고 있었다. 단어의 뜻이 아니라 단어가 어떻게 사용되는지를 정확히 인식한다. 그의 한국어를 듣다 보면 정말 한국인이 울고 갈 한국어의 마술사라는 생각이 든다.

말을 할 때 제일 무시하게 되는 사람이 있다. 말만 하면 "아, 그 사람 나도 잘 알아!", "아, 그 얘기 나도 잘 알지" 이미 알고 있다는 식의 말투는 상대를 무시하는 느낌을 준다. 하지만 그의 언어는 아는 것을 효율적으로 전한다. '척'하지 않아도 감탄을 자아내는 말솜씨로 제대로 알고 써야 할 때 그 말을 쓴다.

관상, 응용과학 같은 어려운 단어를 꿰뚫고 시의적절하게 사용하는 건 물론, 우리만 아는 콩글리쉬 '호치키스'를 자연스럽게 표현해서 웃음을 자아내기도 했다.

호칭에 대해 이야기할 때 외국인이라는 이유로 자신을 잘 모르는 사람들까지 '~씨'가 아닌 '타일러'라고만 부르는 게 불쾌하다고 한 그에게 외국인이 그런 것까지 따지냐고 말하는 출연자에게 그는 똑 부러지게 말했다.

"그럼 처음부터 영어로 하시든가요!"

그의 한국어 센스에 좌중은 폭소에 빠졌다. 게다가 그의 말은 버릴 것이 없다.

방송 PD로 수많은 인터뷰를 했지만, 녹화나 녹음된 자료를 보며 편집을 할 때 이거 빼고 저거 빼다가 살릴 분량이 남지 않는 경우도 태반이다. 가끔 출연자들이 통편집의 아픔을 이야기하지만, 제작자로서 통편집을 할 만큼 버릴 건 많고 쓸 건 없을 때의 난감함이란 이루 말할 수 없는 고통이다. 뭔가 분량은 많은데 핵심이 없는 방송물이 되면 심히 낭패기 때문이다. 그런데 제작자에게 그의 말은 다 살리고 싶은 말이다.

편집하지 않고 모든 말을 방송에 내고 싶을 만큼 의미 있는 말들이다. 핵심으로 상대를 굴복시키는 쾌감이 있다. 그래서 그를 뇌섹남이라 이르는 것은 아닐까.

한 고등학교 행사장에서 강연자로 그를 만난 일이 있다.

'앞으로 미래는 달라진다. 뻔한 진로를 구상하지 마라. 남들이다 좋다고 해서 나에게도 좋은 것은 아니다. 트렌드를 따라가는 진로는 한계가 있다. 내가 잘하는 것을 찾아라. 거기에 너희들의 미래가 있다.'

강의 내용은 이런 줄거리를 담고 있었다. 강연이 끝나고 학생이 질문을 했다.

"강의 잘 들었습니다. 그런데 제가 어른이 될 10년 후에는 어떤 직업이 유망할까요?"

학생의 질문에 그는 낙담한 얼굴로 이렇게 말했다.

"내 얘기 진지하게 안 들었죠? 본인이 좋아하고 잘할 수 있는 걸 먼저 찾으라고 했는데 왜 또 10년 후에 유망할 직업을 찾죠?"

타일러의 질문에 강당은 유쾌한 웃음이 터졌다. 핵심을 콕 찌르는 대단한 '타일러 씨'다.

지난해에 이어 올해에도 '주니어해양 컨퍼런스'의 홍보대사를 맡아 준 그와 영상 촬영을 위해 서울에서 만났다. 지하철을 타기 위해 30분을 걸어 내려오며 이런저런 이야기를 나누었다. 여러 나라 언어를 잘하는 이유를 물으니 그는 언어를 즐긴다고 했다.

최선을 다하는 노력의 단계보다 무서운 것이 즐기는 단계라고 하지 않던가. 즐기는 일처럼 무서운 일이 없다. 자기 주도의 공부가 성과를 내듯 즐기는 관심은 결과가 남다르다. 3살 때 아이큐가 무려 165였다는 사실이 경이롭기 그지없는 그는 돌이 지나기도 전에 문장으로 말을 했고, 합창단으로 활동할 때는 1년도 안되는 기간 동안 해외공연을 갔다가 프랑스어와 스페인어를 익혀서 돌아왔다니 수재는 수재다. 그의 한국어는 재치 있다. 거기에 예의 바른 매너도 담겨 있다.

연초에 그와 주고받은 이메일에 나는 웃음이 터졌다. 진정 그가 미국 사람이라는 말인가?

안녕하세요? 연초를 잘 보내고 계시는지요.

작년 12월에 메일 드릴 때 2023년부터 다른 곳으로 소속이 바뀐다고 말씀드렸었는데요, 관련해서 한번 어딘지를 말씀드리고 컨택 포인트를 전해드리려고 메일 보냅니다. (중략) 문의를 처리하는 방법은 기존과 달라진 점이 하나도 없습니다.

대표님이 언제나 아주 밝고 활기찬 모습을 보여주시고, 특히 환경쪽으로 많은 임팩트를 가져오시니까 올해에도 꼭 같이 해서 지구환경 이슈, 바다, 부산 등 여러 가지 주제로 협업할 수 있었으면 좋겠어요. 그럼, 2023년 계묘년에도 행복한 일이 가득하시길 바랍니다!

타일러 드림

굳이 '타일러 씨'의 한국어를 흠잡아 보려고 한다. 지나치게 격조 있고 정중하다. 다행이다. 그런 점이라도 없다면 한국인인 내가 그의 한국어 앞에서 너무 초라해지지 않았겠는가. 너무 정중해서 천만다행이다. 영어에는 없는 높임말을 한국인보다 더 잘 쓰는 미국인 타일러 씨, 그가 보여주고 있는 한국어는 모두를 공손하게 만드는 금쪽같은 한국어다.

Point

생활소음처럼 쓰이는 말들이 너무 많다. 내 말은 소음인가, 의미인가?

PART 3

말에 품격을
더하는 연습

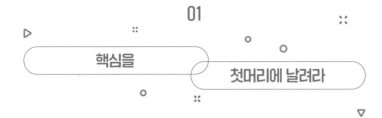

01

핵심을 첫머리에 날려라

오랫동안 친하게 지내온 한 정신과 의사가 농담 삼아 이런 이야기를 건넸다.

"길거리에서 어깨를 부딪치면 사람들 반응이 어떤지 알아요? 대개 2가지 반응이에요. '아, 뭐야?' 하고 짜증 내는 '부정형'과 '죄송합니다' 사과부터 하는 '긍정형'이 있어요. 그 사람의 심리적 무의식을 체크하는 가장 간단한 방법이죠! 한번 보세요. 거의 2가지라니까."

듣고 보니 그랬다. 어깨가 부딪쳤을 때 평소의 마음가짐은 무의식적인 첫마디 반응으로 튀어나온다. 흥미로웠다.

'첫눈에 반한다'는 말처럼 말의 첫마디를 뜻하는 '말허두'는 사람의 호감도와 깊은 관계를 갖는다. 말허두를 잘 꺼내는 것은 진열대에 시선을 끄는 미끼상품을 놓는 것과 같다.

첫마디를 잘 내놓으려면 말에 대한 자신감부터 키워야 하는데, 말에 자신이 없으면 아무리 근사한 첫마디를 코치해줘도 내놓은 순간 남의 말이 된다. 내 옷을 입어야 편하다. 내 말이 아니면 그건 말이 아니라 암기한 문장에 불과하다.

자신감 있게 첫마디의 효과를 보려면 명심해야 할 딱 2가지의 요령이 있다.

1. 버려라.

장황하게 내놓으려는 생각 자체를 버려라. 장황하게 첫마디를 늘어놓는 순간, 나오는 말들의 앞뒤를 맞추려고 애쓰다가 내 말의 오류에 빠지기 쉽다.

2. 핵심을 찌르는 한 방이 중요하다.

쉽고 짧게 핵심을 전달할 때 뭘 말하려는지 확인이 되면 상대가 집중한다. 그렇다면 핵심을 찌르는 첫마디가 무엇일까? 연습을 통해 가능하다. 이렇게 연습해보자.

뉴스에는 세상 곳곳의 여러 사람들의 이야기가 넘쳐난다. 인터뷰 기사를 보고 당장 그를 만난다면 어떤 말을 제일 먼저 건네고 싶은가? 다음 제시문을 보자.

오랜 고생 끝에 대한민국 최고의 자동차 회사에서 모두를 제치고 1등 판매왕이 된 A씨를 만나게 되었다. 어떤 이야기로 첫마디를 시작할까?

① 안녕하세요? 오늘도 최고치를 기록하셨나요?

② 축하드립니다. 어떻게 그렇게 능력이 좋으세요? 무슨 공부를 하셨는지요?

③ 와우! 판매왕. 부럽습니다. 저도 가능할지요? 누구에게도 공개하지 않은 꿀팁. 딱 2가지만 알려 주신다면요?

상황 속에서 선택한 대답들은 이런 느낌을 준다.

① 안녕하세요? 오늘도 최고치를 기록하셨나요?

판매왕의 고생에 공감하지 못하고 판매 실적만을 담은 이야기는 듣는 사람에게 감흥이 없다.

② 축하드립니다. 어떻게 그렇게 능력이 좋으세요? 무슨 공부를 하셨는지요?

감정적 언어로 상대의 기분을 올려 주는 인사는 좋다. 그러나 대답하기가 애매한 질문이다. 무슨 공부? 말을 건넬 때는 대답할 사람의 입장을 고려하는 질문이 좋다.

③ 와우! 판매왕. 부럽습니다. 저도 가능할지요? 누구에게도 공개하지 않은 꿀팁 딱 2가지만 알려주신다면요?

추임새로 기분을 올려주고 지난 고생을 알아주는 듯한 첫마디가 인상적으로 다가간다. 하고 싶은 이야기가 얼마나 많겠는가? 상대가 선택할 수 있게 말을 건네면 말문이 쉽게 열린다.

연습 2

말을 못하는 사람일수록 말이 길다. 호흡이 긴 문장은 전달력이 떨어지기 때문에 요점이 흐려진다. 핵심을 전달하려면 말의 사족을 떼버리는 연습을 해보자. 종종 스타벅스 드라이브스루(drive-through)를 통해 커피를 주문할 때가 있다. 다음은 차들이 밀려 있는 출근 시간이고 내가 필요한 것을 주문하는 상황에서의 대화다.

판매원: 주문하시겠습니까?

A: 아메리카노요.

판매원: 따뜻하게 드릴까요? 아이스로 드릴까요?

A: 따뜻한 거요.

판매원: 사이즈는 어떻게 드릴까요?

A: 미디움이요.

판매원: 한 잔만 드릴까요?

A: 네, 한 잔만요.

판매원: 다른 필요한 거 없으실까요?

A: 없습니다.

→ 다섯 번의 질문과 다섯 번의 대답 끝에 주문 성공

판매원: 주문하시겠습니까?

B: 따뜻한 아메리카노 미디움 사이즈 한 잔이요.

판매원: 다른 필요한 거 없으실까요?

B: 없습니다.

→ 핵심을 간단히 전달하면 길게 말하지 않아도 상황 종료

내 말의 핵심만 전달하는 연습을 해보는 것이다. 라디오 프로그램을 제작할 때 10자 문자나 5자 문자로 상황을 정리하는 코너에는 기발한 문자들의 참여가 많았다. 매일 벌어지는 상황을 5자나 10자로 추리는 연습을 해보자.

DJ : 오늘은 어버이날이죠. 낳아주시고 키워주신 은혜, 말로 다 할 수 없을 겁니다. 부모님 은혜란 갚을 수나 있을지 상상도 안 됩니다. 이런 기분, 우리의 효심. 딱 10자로 갑니다.

· 나주신은혜 어찌갚지요
· 부모님용돈 평생내할일
· 올해결혼해 걱정마셔요
· 속썩여죄송 성공해갚기
· 맨날불효해 평생눈물요

창의적 10자가 넘쳐난다.

DJ : 밸런타인데이(Valentine Day)예요. 오늘은 어떤 데이트를 준비하고 계신가요? 사랑하는 사람에게 하고 싶은 말, 우리의 마음을 담아서 오늘은 딱 5자입니다!

· 딴데못간다

- 너는내운명
- 내아를나도
- 완전내사랑
- 나야나니꺼

꽉꽉 채운 5자의 재치에 사랑이 넘친다.

연습 3

1. 뉴스의 헤드라인 살피기

같은 기사에 다른 제목을 붙인 각 뉴스 기사의 헤드라인을 비교해 본다. 논리적 관점에서 함축적 말하기를 도와준다.

2. 잡지의 제목 눈에 담기

잡지의 기사를 다 읽지 못해도 제목만 훑어보자. 특히 잡지의 제목들은 어렵지 않게 현실적인 팁을 골라놓아서 말하기에 응용해 볼 문장들이 가득하다.

3. 길거리 간판에 주목하기

같은 품목을 취급해도 다양한 이름들의 간판에서 다양한 생각을 읽을 수 있다. 아이디어로 똘똘 뭉친 간판들을 유심히 보자.

　기업 강연을 갈 때면 청중이 자발적으로 참여한 것인지, 회사의 정기적 연수처럼 어쩔 수 없이 참여한 것인지를 먼저 파악한다. 후자의 경우 수동적인 참여이기 때문에 지루해할 가능성이 높다. 그럴 때면 분위기를 살펴 자주 첫머리에 꺼내는 말이 있다.

　"여러분 혹시 배우 A와 B씨 이 두 사람이 왜 파혼한 줄 아세요?" 갑자기 시선들이 모인다.

　"맞아, 결혼한다고 했는데 헤어졌어. 뭐지? 인터넷 어디도 안 나온 얘긴데?"

　"저 강사는 방송국 출신이니 잘 알 수도 있겠네."

　한 번쯤 들어본 이름 앞에 팔짱 끼고 있던 사람들도 몸을 바짝 당긴다.

　"궁금하시죠? 끝머리에 말씀드리죠! 혹시 제가 잊으면 상기시켜 주세요."

　웃음과 함께 강의 몰입도가 높아진다. 강의 후 아무 생각 없이 나가려고 하면 어김없는 질문이 들어온다.

　"아, 선생님 말씀해 주셔야죠! 배우 A와 B씨는 왜 헤어졌어요?"

그 관심의 기억력에 내가 더 놀란다. 역시 집중의 첫머리로 효과 있다.

"아, 맞다. 죄송합니다. 배우 A와 B씨의 파혼?"

"예!!!" 반응이 뜨겁다.

"알고 보니까, 성격 차이였다네요."

좌중에 실망스런 폭소가 터지는 순간, 나는 유유히 강연장을 나온다. 설마 처음부터 뭐 그리 큰 기대를 했었을까? 첫머리의 임팩트로 시선을 모아야 한다. 말허두에 집중하자.

Point

은유가 지나치면 말이 겉돌아 몰입이 어렵다. 이목을 집중시켜야 할 때는 핵심을 담은 직설화법이 훨씬 설득적이다.

02

돌려 말하기로
상대를 지켜라

사과를 깎는 데는 크게 2가지 방법이 있다. 여러 조각을 낸 뒤에 한 조각씩 껍질을 깎는 법과 한 번에 길게 돌려 깎는 법이다.

조각을 내서 깎으면 조각마다 잘려 나가는 껍질의 두께가 달라진다. 앞의 조각을 어떤 두께로 잘랐는지 굳이 생각하지 않기 때문이다. 그런데 참 희한하게도 돌려 깎기는 다르다. 껍질을 깎기 시작하면 처음의 그 두께를 유지하려고 애쓰기 때문에 확실히 손실이 적다.

사과 조각의 껍질 벗기기처럼 앞뒤를 고려하지 않고 순간의 느낌대로 즉흥적인 말하기를 계속하면 손실이 크다. 말의 일관성을 놓치게 되면서 변명이 길어진다.

말을 할 때 돌려 말하기는 내 말의 중심을 잃지 않으려는 흔들림 없는 대화의 기술이다. 특히 감정에 치우치게 되어 주제를 잃어버리는 실수를 하지 않기 위해서라도 감정의 증폭을 막는 돌려 말하기를 잘해야 한다. 돌려 깎기의 균형감각처럼 감정을 유지하고, 대화 주제가 흔들리지 않도록 일관성을 챙겨야 한다.

이런 경우를 상상하자. 상대방이 계속 실수를 해서 전체의 일에 영향을 주는 경우가 있다.

"실수 좀 그만합시다. 팀 전체에 손실이 큽니다! 이런 식이면 어떤 일을 하겠습니까?"

사실을 전달하는 당연한 말이지만 여차하면 팩트 폭격으로 감정부터 상할 수 있다. 감정에 치우치면 내 말의 일관성이 사라진다. 그 일을 실수했다고 다른 일까지 실수하란 법은 없는데 말이다. 다른 일까지 질책하는 것이다.

'쳇, 누구는 실수하고 싶어서 하나? 너는 실수 안 해?'

잘못을 인정하면서도 반감이 앞선다. 감정이 앞서면 흔들린다.

"이미 엎질러진 물이네요. 누구나 실수는 합니다만, 결정 전에 딱 한 번만 더 생각합시다! 그럼 실수도 줄어요. 자꾸 실수하면 팀 전체에 손실이 크거든요!"

돌려 말하면서 감정을 정리해주면 친근하게 내 편으로 당기는 말이 된다. 질책부터 나가는 말보다 안정적이다. 감정이 정리되면 본질에서 벗어나지 않는다. 방탄조끼를 입고 맞는 총알은 버틸 힘이 생기니 야단을 들어도 덜 좌절한다. 우아하고 품격 있게 인내심을 품어라. 그 후에 정확한 조준을 해도 늦지 않다.

여러 사람이 야근을 하는 상황에 모두가 시장한 데도 상사가 미동도 하지 않는다.

"아, 배고프네요!"는 사실을 직접 전하는 말이지만 "시간이 이렇게 됐네요"는 돌려 말하기다.

"성적 떨어졌다며?"는 사실을 직접 전하는 말이지만 "그렇게 애썼는데 원하는 성적이 안 나왔다며?"는 그래도 성과를 인정하는 위로로 들린다. 다시 하고 싶은 의지를 갖게 하는 건 후자쪽이다.

돌려 말하기의 기술을 발휘할 대상들이 있다.

1. 말귀를 못 알아듣는 사람

"아니, 말귀도 못 알아듣는데 돌려서까지 말하면 도무지 말이 됩니까?"라고 물을 수 있는데 말귀를 못 알아듣는 사람일수록 직격탄을 날리면 상처가 크다. 사실조차 인지하지 못하고 있는 경우, 사실을 알리는 것만으로도 충격이 심할 수 있으니 돌려 말하면서 차근히 이해시키는 게 좋다.

2. 가까운 사이

본능으로 묶인 관계들은 어떤 말이 오가든 감정에 상처가 남는다. 치명타가 되면 관계의 근원부터 흔들릴 수 있다.

3. 업무상 자주 봐야 하는 관계

사실을 직시한 이야기로 불편해지면 마주하기가 곤욕스러워진다.

돌려 말하기는 지적 대화의 기술로 상대에게 배려하는 감동을 준다. 상대의 감정과 정서, 수준, 느낌에 따라 상황에 맞게 전해주는 것이다. 지적인 대화는 아는 것을 전달하는 지식의 싸움이 아니다. 상대를 고려한 돌려 말하기의 기술을 잘 실천하는 것이 오히려 지적 수준이 높은 배려하는 대화다.

　동네의 가까운 거리에서 자주 보는 한식집 간판이다.

맛있는 해운대 한식 사실에 직시한 간판의 이름이다. 단순히 음식만 떠오른다.

엄마밥이 그리울 때 왠지 그 맛에 기대감을 품게 하는 돌려 말한 간판의 이름이다.

아름다운 네일 아트 사실에 직시한 네일아트를 설명하고 있다.

세상 가장 눈부신 나의 손 네일아트 후에 달라질 내 손에 대한 기대감을 열게 한다.

　돌려 말하는 기술을 잘 익혀두자. 배려와 함께 따뜻한 감동이 전달될 것이다.

Point

품위 있는 말이란 상대가 난처하고 부끄러워할 때 에둘러 말해주는 위로의 기술이다.

　　　　　　　　　　　　　　　　　　　말과 태도 사이

03

진실해야 사로잡을 수 있다

소위 말하는 '대사빨'이 뛰어난 작가들이 있다. 주간 시추에이션 드라마를 몇 편 썼는데 대사 때문에 너무 괴로웠다. 대사를 쓸 때마다 공포증이 엄습했다.

대본 넘기기 하루 전, 극중 가출한 엄마의 대사 한 줄을 그럴싸하게 쓰려고 머리를 쥐어뜯다가 벽을 보면서 운 적도 있다. 명대사 한 줄, 참으로 난제였다. 대사발 뛰어난 선후배나 동료의 작품을 볼 때마다 좌절감에 사로잡혔다.

우리는 세간의 이목을 이끄는 드라마나 영화를 보면서 배우의 입을 통해 나오는 대사 한 줄에 갑자기 한 방 맞은 듯 아리고 쓰린 경험을 하게 된다. 그 명대사에 꽂힌다. 그런데 그 명대사가 대본 속 글로만 태어나지는 않는다. 누군가의 입을 통해 어떻게 말로 표현되느냐에 따라 명대사로 살아나는 것이다. 글에 입혀진 말, 그게 관건이다.

대본 작업이 끝나면 연기자들과 대본 리딩을 하는데 연기자와 연출자, 작가가 모여 앉는다. 캐릭터를 완전히 소화해 작가의 속마음을 꿰뚫은 듯 대본을 리딩해주는 연기자를 보면 소름이 끼친다. 내공이 보인다. 어설픈 대본을 훌륭히 살려줘서 절이라도 하고 싶을 지경이다. 한 대목의 예시다.

버려진 아이. 갈 곳이 없다. 죽을 수도 있는 한겨울 추위에서 구출되었다. 그런 아이에게 극 중의 상대가 던지는 대사 한마디.
"뭘 좀 먹을래?"

앞의 상황을 이해해보면, 여기서 '뭘'은 별 의미가 없다. 음식의 선택이 중요한 것이 아니다. 안타깝고 걱정스런 마음으로 묻는 말이다. '먹을래?'의 '래~?'를 길게 끌면서, 안쓰러움을 담아말해야 한다. '어떻게든 살아야지'라는 강한 의지를 담아 말해야한다.

그런데 정작 "뭘 좀 먹을래?"에서 '뭘'을 강조를 넣거나 '먹을래?'의 끝을 단순히 올려버리면 그냥 배가 고프니 '어떤 음식을 먹겠냐'는 의문문에 불과하다.

능력 있는 연기자들은 대본을 읽고 감정부터 정리한다. 대사 한 줄에 공들인 티가 역력하다. 상황을 이해하고 훑어가는 문장이 말로 살아나면서 보는 이들을 끌어당긴다. 똑같은 말을 어쩌면 이렇게 찰떡같이 전달할까? 말의 무게가 배우에 따라 달라진다.

라디오 다큐멘터리를 제작할 때 여러 성우와 일을 했다. 대한민국 최고로 꼽히던 어떤 성우는 녹음 전이면 대본 내용과 분위기가 비슷한 음악을 꼭 한 곡씩 들었다. 슬픈 이야기면 슬픈 음악을, 밝은 내용이면 밝은 음악을 들으며 감정을 정리한 후 녹음 큐사인을 기다렸다.

프로는 달랐다. 감정이 정리되면 감정 그대로 말이 실려 나온다. 감정을 제대로 녹이고 밖으로 나온 말은, 들으면 눈물이 나고 웃음이 났다.

대학 졸업식에서 졸업생들에게 주는 말에는 불투명한 미래를 격려하는 응원의 절실함이 실릴 것이며, 막 회사에 입사하는 신입사원들의 환영식에서는 의지를 불태우는 열정의 지지가 말에 담길 것이다. 이렇듯 상황의 분위기에 진심이어야 잘 하는 말이 된다.

잘 쓰인 글을 읽는 것은 말을 하는 것이 아니다. 종종 기념식에 갔다가 안주머니에서 메모지를 꺼내 읽기 시작하는 기관장들의 기념사를 들으면 하품부터 나온다. 누군가 말을 시작하면 우리는 내용보다 화자에게 몰입하게 되는데, 그 순간 기관장의 말이 아닌 비서실장의 글을 대독하고 있는 느낌이다.

2015년 통일을 주제로 북한의 한류열풍에 대한 다큐멘터리를 제작하고 과분하게도 방송대상과 함께 많은 상을 받았다. 뉴욕페스티벌(New York Festival)에서 소셜 이슈(Social issue) 부분 금상을 수상했다.

미국 맨해튼에서 열린 시상식에 참석했는데 수상소감을 발표해야 했다. 명색이 영어방송 국장인데 제법 괜찮은 영어로 소감을 전해야 하지 않을까 싶었지만 영어 실력이 유창한 것도 아니어서 걱정을 하니 후배 PD가 용기를 준다.

"연설도 아니고 소감인데 뭘 걱정하세요. 떠오르는 대로 마음에 오는 단어를 던지세요. 표정과 분위기로도 전달됩니다. 영어를 모국어로 쓰는 사람들이라 충분히 이해할 겁니다."

용기를 냈다. 미리 메모한 내용을 연습해 전달하면 그건 말이 아니라 글을 읽는 거니까 내 말로 내 느낌으로 해보자 용기를 냈다.

어려운 영어단어로 잘 보이겠다는 욕심을 깨고 무대에 올랐다. 생각나는 가장 쉬운 단어로 말하기 시작했다. 문법 따위 고민하지 않고 진심의 표정으로 한마디씩 이어갔다.

"저는 남한(South Korea)에서 왔습니다. 여러분이 알다시피 저의 조국은 세계 유일의 분단국가입니다. 오늘 저는 조국의 반쪽인 북한(North Korea)의 아픈 이야기로 이 상을 받아 갑니다. 저에게 아들이 둘이 있는데 작은 아이가 엄마처럼 PD가 되고 싶어 해요. 그 아이가 훗날 이 자리에 와서 수상하게 된다면, 그때는 통일된 조국의 이름으로 상을 받을 수 있기를 간절히 바래봅니다. 고맙습니다."

짧은 단어들로 진심을 모자이크 했다. 마음을 다한 수상소감에 세계에서 모인 방송인들은 우레와 같은 박수를 보내주었다. 옆자리의 호주 감독은 엄지손가락까지 치켜올려 주었다. 그 감동을 잊을 수가 없다. 그때 알았다. 말이 유창한 것보다 말을 전달하는 진심의 분위기가 얼마나 중요한지 말이다.

말을 할 때 글처럼 훌륭한 미사여구를 항상 동원할 수는 없다.

감정을 진심으로 전달하는 말, 상대가 열리는 것은 그 순간이다.

Point

가식적인 말은 당장은 달콤하지만 결국 관계를 녹슬게 한다.

말과 태도 사이

04
가사가 주는 감동을 기억하라

오디션 프로그램을 시작으로 트로트가 한때 열풍이 불었다. 평소 트로트에 그렇게 진심도 아니었던 내가 프로그램에 끌려 열심히 보다 보면 '세상에 저런 노래가 있었구나' 이런 생각이 들었다.

게다가 멜로디를 떠나 가사가 신세계다. 한 줄 한 줄 곱씹으며 감탄하게 된다. 가사에서 얻는 위안이 대단하다. 현실을 제대로 풍자하고 묘사하면서도, 현학적이지 않고 위트 넘치는 비유들이 가사에 가득하다.

중세 프랑스 음유시인들의 노래였다는 발라드에는 사랑과 이별 노래가 넘친다. 일일이 설명하자면 구차하고 지루한 설명들이 깔끔하게 두어 줄의 가사에서 가슴을 친다. 노래를 듣다보면 '맞아, 첫사랑에서 저렇게 아팠어', '맞아, 친구의 친구를 좋아하다 보면 저런 핑계를 둘러대지' 하면서 무릎을 치게 된다.

사랑의 정의를 내려보자.

'어떤 사람이나 존재를 몹시 아끼고 귀중히 여기는 마음'

무슨 말인지는 알겠는데 마음에 울림이 없다. 그런데 그 정의를 "사랑이 무어냐고 물으신다면 눈물의 씨앗이라고 말하겠어요"라고 표현했다.

나훈아의 '사랑은 눈물의 씨앗' 노래 일부인데, 어려서는 도무지 이해 안 가던 이 말이 어른이 되면서 사랑을 겪어보니 알겠다. '사랑'은 만나면 좋아서 눈물 나고, 헤어지면 아파서도 눈물 나는 것이다. 사랑은 정말 눈물을 키우는 씨앗일지도 모른다. 어떻게 이런 비유의 가사를 쓸 수 있었을까.

후배가 어느 날 물었다.

"선배, 좋아하는 것과 사랑하는 것의 차이가 뭔 줄 알아요?"

갑자기 들어온 질문에 말문이 막혔다.

"글쎄, 그게 말로 설명이 되나?"

싱글거리던 후배가 말했다.

"고양이는 생선을 좋아하지만 생선을 사랑할 수는 없다!"

아, 명쾌한 차이가 가슴에 온다.

한때 한 발라드 가수의 노래를 받아 작사를 시도한 적이 있다. 당시 발라드계의 꽤 유명한 가수였는데, 노래를 받아 들고 한 석 달을 고민하다가 아무것도 하지 못하고 그대로 돌려줬다. 작사가 그렇게 어려운지 정말 몰랐다. 노래의 주제에 맞게 가사 몇 줄 적어내면 된다고 생각했다. 글 좀 쓴다는 내가 뭣 때문에 그렇게 힘들었을까 나중에야 알게 되었다.

가사는 글이 아니라, 모두가 공감하는 리얼리티가 가득한 현실의 말이어야 했다. 공감에서 출발해야 하는 그 말을 나는 그저 근사하고 멋지게 표현하기 위해 고민했던 것이다. 가사처럼 말에도 리얼리티가 생생하게 살아 있어야 상대와 진정한 교류가 가능하다.

아이유의 '좋은 날', 이선희의 '그중에 그대를 만나' 등 히트 제조기라 불리는 유명작사가 김이나는 자신의 책《김이나의 작사법》에서 "글을 꾸며서 잘 쓰지 못해서 솔직하게 썼고, 제 감정을 객관적으로 봤다"고 했다.

가사는 솔직하고 현실적이어야 한다. 글은 맥락을 살피며 일정한 구조로 문장을 이어가지만, 가사는 현실에서 느끼는 솔직한 감정을 단 몇 줄로 완성해야 한다. 그런 가사들은 어떤 문학 작품보다 생생해서 공감을 이끌어낸다.

만나기만 하면 뜬구름 잡는 이야기를 하는 사람은 피곤하다. 주위에서 늘 봤음직한 현실의 이야기들로 맛깔스럽게 차려진 대화의 밥상을 우리는 더 맛있게 먹는다. 그것이 공감이다.

말을 잘하기 위해 테마를 가지고 작사 연습을 해보는 것도 좋겠다. 예를 들면 '자존심'이라는 테마를 정하고, 떠오르는 생각을 솔직하게 몇 줄 적어보는 것이다. 언제 자존심이 상하고, 언제 배신감이 높아지는지 생활 속에서 나타나는 에피소드를 몇 가지를 골라 상황을 정리해보자.

마음에 확 와닿는 가사를 음미해보는 것도 좋은 방법이다. 어떤 상황에 어떤 말들이 노래에 담겨 있는지 그 내용을 보는 것만으로도 살아 있는 말 연습이 가능하다.

김이나 씨의 책에 실린 또 하나의 작사법은 '눈으로 읽는 글이 아닌 귀로 듣는 글을 쓰는 것'이었다. 귀로 듣는 글이라는 것은 결국 '말'이다. 주변을 관찰하는 것이 시작이다.

사랑이 모두에게 같은 사랑이 아니고 이별이 모두에게 같은 이별이 아니듯, 각자의 경험에 따라 말도 다른 색의 옷을 입는다.

나만이 알고 있는 내 말에 생생한 현실의 옷을 잘 차려입혀 주는 일, 결국 상대를 끄는 공감의 말이란 현실 속에 발을 딛고 있어야 한다.

Point

말이란 결국 현실 속에서 '위로'가 되어야 한다. 듣기 좋은 이상적인 말은 그저 소설에서나 존재한다.

05

상대를 배려하는
한마디를 덧붙여라

'지적인 대화'란 말을 나눌 때 서로 예의를 갖추는 대화를 뜻
한다. 그렇다면 어떤 말을 사용해야 예의를 지키며 지적 호감도
를 올릴 수 있을까? 평생 처음 들어보는 전문적인 용어? 신문에
자주 등장하는 유식한 용어? 책에나 나올 법한 고급스런 단어?
아니다. 지적 호감도가 상승하는 순간은 어렵거나 고급스런 단
어가 등장하는 순간이 아니라 '상대가 나를 대우해주고 있다는
마음이 들 때'다.

상대가 대화 중 저급한 단어를 사용할 때면, 그 말이 나를 향
한 말이 아니어도 무시당하는 기분이 든다. 운전을 하면서 욕을

하거나, 정치나 종교와 같이 정답이 없는 이야기를 하면서 나와 생각이 다르다는 이유로 거친 말을 내뱉는 사람과는 더 이상 말을 섞기가 싫어진다. 상대가 아무리 대단한 명예를 가졌다고 할지라도 그 순간 호감도는 땅바닥으로 내려앉는다.

몇 마디 말로도 상대에게 특별한 대접이 가능하며, 상대가 그것을 느끼게 된다면 지적 호감도는 높게 상승한다.

출장을 자주 다니니 국내선 비행기를 이용할 일이 많다. 비행기를 타면 항상 착륙하는 순간에 예민해진다. 착륙 시 활주로를 따라 우당탕거린다는 느낌이 들면 공포스러울 만큼 두려워진다.

한 번은 육안으로 봐도 시야가 흐리다고 느낄 만큼 날이 좋지 않았다. 비행기에 탑승하고 나서 이륙까지 마음이 조마조마했다. 평소 착륙할 때마다 예민해지는 나는 더 조바심이 들었다.

시간이 흘러 공항에 곧 도착한다는 안내방송이 나왔다. 비행기는 속도를 줄이며 활주로로 하강하고 있었다. '날은 흐리지만 괜찮겠지? 크게 덜컹거리지 않고 조용히 착륙하면 좋겠다' 하며 마음을 졸이고 있는데, 안내방송이 나왔다.

"승객 여러분, 저희 비행기는 ○○공항에 무사히 착륙했습니다. 안전벨트 사인 등이 꺼질 때까지……."

그제야 눈치를 챘다. 비행기가 너무 부드럽게 착륙을 해서 활주로에 바퀴가 닿았는지 전혀 몰랐던 것이다. 나는 속으로 감탄했다. 이렇게 비행을 부드럽게 한다고? 너무 기분이 좋아서 비행기를 내리며 승무원들에게 인사를 전했다.

"착륙이 너무 부드러워서 착륙한지도 몰랐어요. 기장님께 꼭 전해주세요. 비행이 너무 편안했다고요."

승무원들이 밝게 웃으며 꼭 전해주겠다며 인사를 건넸다. 평소 친분 있는 항공사의 사장님께 짧은 문자도 넣었다.

'오늘 아침 7시 ○○편 비행기, 파일럿의 비행 솜씨가 훌륭해서 편안한 비행이었습니다. 혹시 기회 되시면 많이 칭찬해주십시오. 승객이 감사해하더라고요" 하고 말이다.

고마웠던 승객의 적극적인 인사가 어떻게 전해졌는지는 모르겠지만, 후에 항공사에 다니는 친구에게 물으니 승객들의 그런 적극적 인사는 파일럿에게 큰 힘이 된다며, 적극적으로 인사를 표현한 나를 되레 칭찬해주었다.

제천에 출장을 갔을 때다. 기차역에 내려 점심을 먹어야 하는데 역 주위의 식당을 살피다가 근처 한식집에 들어갔다. 육개장을 시켰는데 맛이 일품이었다. 밥을 다 먹고 계산을 끝낸 후 나는 한마디를 남기고 돌아섰다.

"주방장님 솜씨가 대단하시네요. 제가 먹어 본 육개장 중 최고

였어요."

계산을 하던 주인의 얼굴에 함박웃음이 번진다.

"아이고, 고맙습니다."

그냥 나와도 그만이었을 일이지만, 적극적인 감사로 전한 매너의 인사는 주방장의 하루를 기분 좋게 만들고, 고단한 요리의 고생이 좀 더 보람 있게 느껴지지 않았을까? 음식의 맛이 더 좋아졌을지도 모를 일이다.

예의를 다해 상대방에게 적극적으로 마음을 표현할 때 호감도가 상승한다. 지적 호감도란 지식의 호감이 아닌 예의를 갖춘 긍정의 마음이다. 공들여 만든 음식을 먹고 당연하게 값을 치르고 나가는 손님과 그 공들인 노력을 알아주고 적극적으로 인사를 건네준 손님의 매너는 다르게 느껴지니 말이다.

미팅 장소에 열심히 달려가다가 뜻하지 않은 일로 지각을 할 때가 있다. 너무 미안해서 문자를 넣거나 전화를 걸었을 때 상대방의 반응에 따라 나는 상대에 대한 호감도가 달라진다.

"어디쯤인데요?"라고 대뜸 거리부터 체크하는 상대보다는 "무슨 일이 있으신 건 아니죠? 어디쯤이세요?" 하고 상대의 안위부터 챙겨주는 사람에게 호감도는 상승한다.

회의에 지각한 사람들이 보내는 문자를 받을 때도 많다.

"서둘렀는데 죄송합니다. 오늘 버스가 너무 안 와서요."

"알겠습니다"라고 응대하면 상대는 내내 불안하다. 어차피 상대가 늦는다면 오히려 상대를 배려하는 한마디로 매너 있게 나의 품위를 올릴 절호의 기회다.

"조심해서 오세요. 알겠습니다."

한마디만 더 붙여도 나에 대한 호감도는 상승한다. 지적 대화는 어렵지 않다. 매너를 갖추고, 상대에게 적극적으로 그 예의를 표현하는 것은 누구나 가능한 대화다.

Point

적극적으로 상대의 입장에서 생각해볼 때 기분 좋은 사람으로 기억된다.

말과 태도 사이

06

상대는 나에게   어떤 말을 기대할까

구구절절 풀어놓지 않아도 함축적 의미로 전해지는 말들이 있다. 한마디를 하지만 열 마디의 뜻을 내포하고 있는 말은 바로 음성 언어가 아닌 행동 언어다. 실천이 따르는 몸의 말은 소통 효과가 200%다.

인턴들과 일할 기회가 종종 있다. 일을 대하는 태도가 직원과는 사뭇 다르다. 입사에 대한 갈망과 일에 대한 기대감이 느껴진다. 매사 적극적인 열정들은 인턴들이 가진 최대의 강점이다.

능력 있는 인턴과 능력 없는 인턴을 가르는 기준은 각자 다르겠지만, 나는 단연코 '행동 언어'를 가진 쪽이라고 망설임 없이 말할 것이다. '행동 언어'란 무엇일까? 몸을 움직여 실천으로 보여주는 말이다. 인턴은 일의 경험이 적으므로 프로페셔널한 전문가는 아니다. 전문가들의 그 노련한 경험을 대신할 수 있는 것은 신속한 행동으로 보여주는 실천의 말이다.

한번은 두 명의 인턴을 함께 고용했다. 실력도 비슷, 성격도 비슷, 나이도 비슷했지만, 눈에 띄게 확연한 차이가 있다면 행동이 따라오는 적극성의 표현이었다.

A는 할 일이 끝나면 다음 업무를 기다리며 바른 태도로 앉아 있지만, B는 달려와 귀찮을 정도로 물었다.

"제가 할 일이 또 있을까요?"

선배들이 소소한 일들을 하고 있을 때면 A는 괜히 끼어들었다가 실수하면 어쩌나 싶어 눈치만 보며 기다렸지만, B는 언제나 이렇게 덧붙였다.

"제가 해보겠습니다."

'제가 하겠습니다'와 '제가 해보겠습니다'는 미묘한 차이를 갖는다.

"제가 하겠습니다"는 자신감의 표현이지만, '제가 해보겠습니다'는 능력이나 실력은 서툴지만 노력해 보겠다는 말로 들려 조금 더 겸손한 열정을 느낄 수 있다. 물론 이건 나의 관점이다. 말은 상대에 따라 다른 느낌을 갖게 하니 판단은 조금씩 차이가 있다. 상대의 판단에 어떤 기대감을 갖는다면 상황을 잘 살펴야 한다.

나는 라디오방송을 오랫동안 진행했다. 〈유정임의 미시타임〉이라는 젊은 주부들을 대상으로 한 프로그램에서 PD와 DJ를 겸하게 되었는데 많은 분들의 사랑을 받으며 11년을 진행했다.

지역의 인기 프로그램으로 자리 잡으면서 택시를 타면 굳이 차비를 안 받으시려는 기사님과 즐거운 실랑이를 벌이기도 했고, 아침마다 목소리가 안 좋으면 방송국 현관에 따뜻한 죽을 맡겨 두는 죽집 사장님의 총애를 받기도 했다. 수산물을 실어 나르는 화물차 총각 기사가 싱싱한 오징어 한 박스를 방송국 현관에 두고 가기도 했고, 철철이 쌀과 고추장을 보내주는 엄마 같은 청취자도 있었다.

생일이면 꽃가게를 차린 듯 케이크와 꽃이 셀 수 없이 배달되어 왔다. 무슨 복이었는지 하루에 수백 통 수천 통씩 쏟아지는 문자와 사연으로 전국구 DJ가 누리는 행복감을 만끽하기도 했다. 지역방송에서 이런 인기를 누릴 수 있었던 이유가 무엇일까? 매일 전파로 퍼진 내 말의 어떤 점이 그들에게 매력으로 다가간 걸까?

오랜 시간 생각하고 얻은 정답은 한 줄이었다.

'하고 싶은 말'보다 '듣고 싶은 말'로 소통하는 것

상대의 말을 들어주는 묵언의 힘이야말로 실로 위대하다. 상대가 원하는 말을 전하기 위해 내 말을 잠시 보류하는 일이다. 그러나 이보다 더한 파워를 가진 것은 상대가 듣고 싶어 하는 말을 들려주는 것이다. 이런 능력은 말을 잘하기 위해서는 매우 절실하다.

듣고 싶은 말이란 무엇일까? 대화란 서로 상대가 있으니, 내가 듣고 싶은 말이 곧 상대가 듣고 싶은 말이 아닐까? 나는 다른 이에게 어떤 이야기를 듣고 싶은가? 충고? 조언? 이 역시 의미 있지만 대개는 위안과 지지, 격려, 칭찬 등이 핵심이다.

사실을 객관적으로 묘사하더라도 그럴 수밖에 없었던 청취자의 마음까지 살펴주는 말, 그런 말이 위로를 전했다. 가끔은 입바른 쓴소리로 욕먹을 각오도 해야 했지만, 청취자들의 반응을 빠짐없이 체크하며 응원의 말을 잊지 않았다.

그렇게 사랑받던 DJ의 자리를 방송국 간부로 승진하면서 그만두어야 했다. 간부가 되니 회의도 많아지고 일들도 많아졌다.

PD의 자리로 돌아와 십수 년 사랑받던 DJ자리를 물려주었다. 후배 아나운서에게 자리를 내주고 첫 방송을 모니터 한 날, 방송 후에 나는 후배를 급히 호출했다. 후배는 지난밤에 남편과 좋은 카페에 가서 와인을 마시며 깨 볶은 이야기를 내내 자랑하며 방송했다.

"후배님! 첫 방송한다고 고생했어요. 있잖아, 사랑받는 진행자의 조건이 뭔 줄 알아? 얘기의 중심을 청취자들에게 돌리는 거예요. 후배님이 남편하고 깨 볶은 이야기만 골라서 자꾸 하면 '좋겠다, 부럽네, 저 사람은 팔자도 늘어졌네. 난 뭐지?' 크게 공감이 안 가지만 부끄러운 이야기, 속상한 얘기도 다 털어놓는 거예요.

'저 어제 남편이랑 와인 한잔하고 정말 좋았습니다. 그런데 결국 얘기 끝에 한바탕했네요. 아니, 꼭 좋다가도 지나간 일로 꼬투리를 잡고 분위기를 깬다니까요. 아! 완벽한 결혼이란 드라마에나 있는 걸까요?' 이렇게 솔직히 얘기하면 어떨까? 막 가깝게 느껴지는 거지. 보이고 싶은 것만이 아니라, 보이고 싶지 않은 것도 솔직하게 보여주면서 다가가기. 그런 진심이 사람을 끄는 거지!"

진심이었다. 화려한 미사여구의 체면 가리기보다 마음을 열고 있는 그대로를 전하는 몇 마디에 마음이 열리고 가까워지고 싶은 매력을 느낀다. 나와 같은 눈높이에서 내 얘기를 다 들어줄 것 같은 분위기를 만드는 것은 친밀한 대화의 필수요건 아니던가.

대화를 나눌 땐 명심하자. 존경을 받는 말솜씨는 앞장서서 정신없이 혼자 풀어내는 것이 아니라 상대가 풀어내도록 기회부터 주는 것이다. '묵언수행' 같은 말 줄임으로 상대의 말을 그 안에 담아주고 따뜻하게 등 두드려주는 일. 귀를 열어둔 채로 가려운 등을 긁어주는 상대의 인격적 품위에 빠지지 않을 사람은 없다.

Point

타인의 고통을 제대로 이해한다는 것은 쉽지 않다. 어설픈 위로를 건네느니 차라리 입을 닫고 듣자.

07

약점 드러내기를 겁내지 마라

성공한 인물들과 인터뷰를 하다 보면, 결국 그 사람의 인생사에서 결정적으로 반하게 되는 것은 삶의 파고를 극복해낸 바로 그 지점이다. 가장 힘들었던 시기, 가장 외롭고 고통스러웠던 그 순간을 어떻게 극복했는지가 쏟아져 나오는 순간, 그 말에 압도당하고 만다.

어려움을 이겨낸 사람은 변명하지 않는다. 변명할 사이에 일단 도전하기 때문이다. 그러나 실패가 잦거나 약점이 많은 사람들일수록 핑계의 변이 길다.

사회 속에 어울려 살며 우리는 여러 개의 페르소나(persona)를 가지고 있다. 집에서의 나, 회사에서의 나, 거리에서의 나, 물건을 살 때의 나, 물건을 팔 때의 나, 소셜미디어 속에서의 나. 여러 개의 모두 다른 페르소나로 자신을 적응시키며 어느 것이 자신의 진짜 모습인지 헷갈리기도 하는데 약점을 드러내기 싫은 것은 인간의 본능이다.

최근에는 포장하지 않고 약점도 그대로 드러내는 리얼리티 프로그램이 강세다. 우리는 이제 깨닫기 시작한 것이다. 보여주고 싶은 것만 보여줘 왔던 방송물의 의도를 눈치챘다는 말이다. 이제는 솔직한 것에 더 애정이 간다. 화장하지 않은 주근깨 보이는 연예인의 리얼한 모습에 더 애착이 느껴진다. 정제되지 않은 모습에서 약점이 드러나는 순간, 나와 동일시되는 그 쾌감이 짜릿하기까지 하다. 그리고 진하게 안심한다.

'별다를 게 없구나.'

상대와 더 친해지고 싶은 순간이 온다.

최근 한 온라인 사이트에서 화제를 일으킨 대한민국 마케팅 귀재의 강연을 들은 적이 있다. IMF 이후 온 세상에 실직자들이 넘쳐날 때의 일이라고 했다. 구조 조정으로 거리에 내몰린 대한민국 아버지들이 양복 입고 출근하는 척 집을 나와 지하철 물품 보관소에 넣어둔 등산복으로 갈아입고 온종일 산에서 배회하다가 다시 양복을 입고 집으로 퇴근하던 아픈 시절의 이야기다.

그는 구조 조정으로 해고된 후 동네방네 소문을 냈다고 말했다. 오히려 드러내니 찾아오는 사람들이 생기고 일도 생겼다고 했다. 체면이나 자존심 따위는 현실 앞에서 변명이 되지 못했다. 약점이나 어려운 상황이란 드러내야 방법이 생긴다고 했다. 백번 맞는 말이었다. 더 잘 보이려고 숨기려다가 사소한 거짓이 눈덩이처럼 커지는 일을 무수히 경험하며 산다.

지적이고 우아한 대화란 인격적으로 존경할 만한 사람에게서 나온다. 자신의 약점까지도 당당하게 보여줄 수 있는 인간적 됨됨이에서 비롯된다. 감출 게 없는 말은 자유롭다. 감추려 들면 거짓을 정당화하기 위해 거짓1이 등장하고 거짓1을 지키기 위해 거짓2와 거짓3이 등장하게 된다.

초등학교 시절, 잘못 나온 점수를 엄마에게 들키지 않으려고 애썼던 기억이 있다. 망친 점수를 들키지 않으려고 '아직 성적이 안 나왔다'는 거짓1로부터 '다음 주에 나온다'는 거짓2로 진화한 말이 모든 사실을 다 알게 된 엄마 앞에서 '우리 반만 늦게 나온다'는 거짓3에 이르러 급기야 시험점수를 조작하려던 시도가 들통나면서 엉덩이를 맞은 기억이 있다.

"상대가 이 말을 듣고 다르게 생각하면 어떡하지?"

"상대가 이 사실을 알고 이제부터 내 말을 모두 다 곡해하면 어떡하지?"

일도 벌어지기 전에 미리 예단할 필요가 없다. 말하기의 하수들은 약점이 들통날까봐 걱정부터 하지만, 말하기의 고수들은 자신 있게 약점을 드러낸다. 그 약점을 커버할 자신감이 있기 때문이다. 솔직한 말 앞에서 상대는 무릎을 꿇는다. 거짓은 또 다른 거짓을 잉태하며 사람 사이를 서서히 멀게 한다.

부산에는 한때 완월동이라는 집창촌이 있었다. 지금은 사라졌지만 한동안 성매매업소가 즐비했다. 단속이 강화되면서 성매매라는 잘못된 선택 이후 자신의 삶을 되찾기 위해 몸부림치는 여성들의 쉼터가 생겨났다. 가까스로 탈출해 쉼터를 찾아왔지만 간혹 폭력업주들은 그녀들을 찾아다니며 평범한 삶을 괴롭혔다. 그녀들을 대상으로 다큐멘터리를 제작했다.

가정이 무너지면서 12살에 가출한 여대생을 주인공으로 성매매를 시작하게 된 계기부터 대학생이 되기까지, 12살에 헤어진 생모를 다시 찾기까지의 절절한 사연을 담아 프로그램을 만들었다. 무슨 복이었는지 방송 대상, PD 대상 등 전국 규모의 상을 5개나 받았지만 내내 마음이 편치만은 않았다. 그런 일이 화제가 되는 세상에 살고 있었으니 말이다.

처음 작품을 기획하면서 내 마음에는 불편한 진실 하나가 자리를 틀고 있었다.

'아무리 사는 일이 죽을 것 같다고 해도 차라리 식당에서 설거지나 막노동을 하지 왜 성매매를 하는 거야?'

참으로 단순했던 나의 생각은 완월동의 언니들을 취재하며 처참히 깨지기 시작했다. 상상하지 못했던 인생의 고비들이 그녀들의 삶에 쉼 없이 놓여 있었다. 그럴 수밖에 없었던 참담한 그녀들의 고통을 담아 작품을 만들며 뒤늦게서야 그녀들의 현실을 이해해갔다.

일단 생생한 현실을 알기 위한 사전 조사가 필요했다. 업소를 탈출해 새 인생을 시작한 그녀들의 쉼터를 찾아갔다. 그러나 언니들을 만나게 해달라는 요청은 문전박대로 돌아왔다. 신변보호라는 말로 대문을 넘어서지도 못했다. 처음의 거절이야 이미 각오한 일이었다.

다시 찾아갔다. 이번에는 당사자들이 원치 않는다는 말로 다시 거절당했다. 또 찾아갔다. 이번에는 쉼터 소장의 얼굴이라도 볼 참이었지만, 역시 거절이었다. 문전박대는 계속 이어졌다. 포기하지 않는 나의 열정이 여러 차례의 문밖 기다림으로 이어졌고, 몇 주가 지나서야 겨우 현관이 열렸다. 문은 열어줬지만, 인터뷰는 PD의 능력이라고 쉼터의 소장은 한걸음 물러섰다.

늦은 밤 8시, 저녁을 먹고 작은 방 안에 모인 언니는 단 2명이었다. 마땅찮은 표정 속에 호기심으로 나를 쳐다보았다.

"방송국에서 왔다고요? PD가 여자였네."

바라보는 곁눈질이 따가웠다.

"누구는 부모 잘 만나서 편히 공부하고 대학 가서 방송국 들어갔겠네. 편하게 사니까 우리가 우습겠지. 구경하러 왔어요? 이런 사람들?"

비아냥거림이 날아왔다.

"뭐, 아무 고생 없이 살아온 당신 같은 사람들이 우리를 뭘 알겠어요? 무슨 얘기를 하라고요? 시간 낭비하지 말고 돌아가세요. 뭐? 방송?"

큰 소리가 이어지자 몇 명의 언니들이 더 모였다.

"신문이니 방송이니 맨날 우리를 도와준대! 그리고는 구경거리로 만들잖아. 여러분! 여기 불쌍한 인간들 좀 보세요. 몸이나 팔면서 살아 온 여자들, 구경하세요. 그럴 거잖아."

격앙된 흥분도 터져 나왔다.

"놀림거리 만들고 싶어서 왔나보지? 가시라고요!" 폭언 아닌

말과 태도 사이

폭언도 쏟아졌다.

어떤 첫마디로 이 난감한 상황을 풀어갈지 입술이 바짝바짝 조여 왔다. 이제 그들은 아무 말도 하지 않고 듣기만 하는 나를 관심종자로 구경하기 시작했다.

이해해야 했다. 그들이 쏟아내는 절규에 가까운 비난을 이해해야 했다. 나에 대한 힐난이 아니라 거친 풍파를 뚫고 살아 온 이 세상에 대한 원망이라 생각됐다. 내가 미워서가 아니다. 그렇게 정리하니 자신감이 생겼다. 어쩔 수 없는 절박한 상황에서 선택해야 했던 성매매의 현장. 이 악물고 탈출해 오늘에 이른 그녀들의 고통에 비하면 내가 지금 당하고 있는 폭언은 일도 아니라 생각했다. 그렇게 한참을 궁리하다가 입을 열었다.

"제가 편하게 공부하고 그냥 그렇게 대학 가서 PD가 되었다고 생각하시나 봐요……."

작품의 기획 의도에 대한 설명이 아니라 마주 앉은 '나'라는 사람의 약점을 꺼내 들기로 작정했다. 누구 앞에서도 쉽게 꺼내지 않았던 지난날 내 인생의 힘들었던 순간들, 누구에게도 들키고 싶지 않았던 내 마음의 불편한 기억들을 고백했다. 마음의 빗장을 푼 솔직한 이야기에 그녀들의 시선이 조금씩 달라지는 걸 느꼈다.

그렇게 우리는 날밤을 꼴딱 새웠다. 새벽 5시, 그녀들이 들려주는 눈물 어린 고백으로 방 안이 온통 눈물바다였다. 아침이 되어 방문을 연 쉼터 소장이 깜짝 놀라며 말했다.

"아니, 우리 언니들이 이런 사람들이 아닌데. 어떻게 한 거예요?"

나의 약점은 감추고 상대의 약점만 보려던 나의 못된 이기심을 걷으니 그녀들의 마음을 열 수 있었다.

세상사 누가 더 나은 인간일 수 있는가? 오늘 남의 불행이 내일 나의 불행일 수 있고, 오늘 타인의 행복이 내일 나의 행복일 수 있다. '모두 다를 바 없이 나름의 힘겨운 인생살이를 뚫고 지나간다'는 인간적인 고백이 그들의 마음을 얻게 해주었다.

상대와 진심으로 가까워지고 싶다면, 약점이 노출되는 대화를 두려워하지 마라. 간 보듯이 말을 건네면 인격적으로 비열하다는 평가만이 따라오고 상대의 마음을 잃는다. 훌륭한 대화란 자신을 숨기지 않는 솔직한 말이다.

Point

상대의 마음을 얻기를 원한다면 나의 약점이 공개되는 것을 두려워하지 마라. 진심이 우선이다.

말과 태도 사이

08

배우고 싶은 말을
나만의 방식으로 표현해보자

친구와 종종 카카오톡 메시지를 주고받다가 말귀가 잘 안 통한다 싶으면 전화를 한다. "역시 우리는 꼰대야"라며 서로 웃는다. 문자로 주고받은 소통은 말보다 더 답답하다고 여기는 기성세대다.

요즘은 문자로 소통하는 카톡 대화가 한결 좋다는 젊은이들이 많다. 어느 기관장은 부하직원들에게 전화하면 받지를 않는데 카톡을 보내면 금방 답이 온다면서, 요즘 사람들은 전화로 얘기하는 걸 부담스러워한다고 했다. 대화의 상대가 누구냐에 따라 다르겠지만 디지털 SNS에 익숙한 MZ세대들에게는 말로 하는 전화보다 문자가 더 편할 수도 있을 듯하다.

나 같은 기성세대도 전화 통화를 하면 여러모로 소모되는 기분이 든다. 감정과 음성의 기복까지 신경 써야 하니 말이다. 그래서 감정에 휘둘릴 필요 없이 사실에 입각한 업무 처리는 문자로 소통하는 일이 많다. 이것만 명심하자. 아무리 편리한 문자 소통이라도 감정이 전달되어야 할 때는 종종 오해를 불러일으킨다는 사실. '읽는 말'은 진심이 전해지기 어렵기 때문이다.

이런저런 이유를 다 떠나서 사실 제일 쉬운 건 말로 하는 대화다. 문자로 보이는 그 이상이나 그 이하의 상상이 필요 없다. 한결 깔끔하다.

저작권을 강탈하는 일만 아니라면 좋은 사람들의 말은 듣고 배우자. 말을 잘한다고 생각된다면 상대의 말을 충분히 듣고 면밀히 관찰해서 모방하고 베껴보는 것도 말의 능력을 키우는 일이다.

좋은 글들을 직접 손으로 베껴 쓰는 필사 작업을 통해 그 생각을 읽고 내 것으로 만드는 모방도 있지 않은가. 배우고 싶은 말을 따라서 내 입으로 직접 해보는 일은 말 잘하는 기본 작업이다.

아리스토텔레스(Aristoteles)는 '모방은 창조의 어머니'라고 했다. 단 여기서 모방은 무조건 베끼라는 의미는 아니다. 베끼는 과정을 통해 새로운 나만의 것을 완성하라는 의미다. 좋은 말, 감동적인 말은 잘 듣고 배워서 내가 자주 쓰는 단어를 섞어 어울리는 말투로 응용해봐야 내 것이 된다. 그렇게 배운 말들이 자연스럽게 내 안의 다른 말들과 섞이면서 나만의 말로 탄생하는 것이다.

새롭게 탄생시킨 나만의 말 만들기를 '창어(創語)'라고 이름 붙여 본다. 말 잘하는 이들의 센스를 배워서 내 나름의 말로 창어해보자.

말은 사람의 인품을 결정한다. 사람의 얼굴은 가물가물해도 자주 쓰던 말투며 말의 음색, 익숙하게 들려주던 언어들이 기억에 남는 경우가 많다.

심리학자 에릭 번(Eric Berne)은 인간의 '자아 상태'를 3가지 형태로 나누었다. 어려서부터 들어온 말과 주변의 말들로 3가지의 성격 형태를 만든다는 것인데 이것을 PAC 모델이라 부른다.

P는 부모 자아(Parent ego)다.

내게 영향을 미쳤던 사람들의 말로 만들어진 자아이다. 부모나 조부모, 오빠 또는 언니 등 나보다 권위적인 사람들에게 들은 말로 영향을 받은 자다. 관심과 보살핌으로 잘 양육한 부모의 말은 아이를 자신감 넘치는 긍정자아를 갖게 하지만, 나무라고 야단의 말만 들은 경우에는 자신을 부정하는 비판적 자아를 갖게 된다.

A는 어른 자아(Adult ego)다.

현실적이고 이성적으로 생각하는 자아다. 문제를 객관적으로 해결하려고 한다. 다행히 어린 시절 부정적인 부모 자아를 가졌더라도 성인이 되면서 스스로 자존감을 키울 수 있었다면 긍정적 어른 자아를 가질 수 있다.

C는 어린이 자아(Child ego)다.

철없이 변덕 부리는 어린아이 같은 감정적 자아다. 가끔은 부모의 말을 잘 듣는 것처럼 보이지만 주위 사람들의 요구로 억지로 따라가는 것일 뿐 주변을 배려하지 않고, 자기 마음대로 감정을 보이는 어린이 자아는 사회에서 환영받기 힘들다.

오늘, 나의 자아는 어떤 말들로 이루어져 왔는가.

긍정적 자아로 성장하도록 항상 용기와 격려의 말을 가까운 가족에게 들을 수 있었다면 천만다행이지만, 원치 않는 현실 속에서 성장한 경우도 있을 것이다. 매우 비관적인 부모를 만나 항상 절망적인 말들만 들어 비관적인 부모 자아가 형성되었다면 무척이나 가슴 아픈 일이다.

그러나 성인이 되어 스스로 노력한다면 부정적 부모 자아를 극복하고, 긍정적인 어른 자아로 탈바꿈할 수 있다. 기회가 있으니 그나마 다행이라 하겠다. 이런 경우, 동료나 친구들의 말이 절망의 나락에서 누군가를 구해주는 소중한 역할이 될 수 있다.

오늘 우리의 한 마디가 어느 누군가에게는 맑은 공기가 될 수도 있고, 탁한 공해가 될 수도 있다. 나 역시 주위에서 그런 환경 속에 노출되고 있다. 맑은 바람 같은 한 줄기의 말로 어느 누군가의 귀한 인생을 결정지을 수 있다. 말에는 참으로 대단한 위력이 있다.

Point

거친 말, 비꼬는 말, 깎아내리는 말, 의심하는 말이 비뚤어진 인격을 만든다. 말은 그 사람의 인격이다.

09

수치심이 극에 달한 순간,
불쑥 양보하라

어떤 말이 가장 두려웠는지 어떤 말들이 가장 상처로 남아 있는가를 떠올려보자. 첫 직장에서 경험한 힐난과 비난의 말들, 군대에서 경험한 강압적인 지시와 명령의 말들, 학교에서 장난이라는 이름으로 행해진 언어폭력, 전혀 일면식도 없는 사람들로부터 당하는 갑작스런 욕.

말의 공포는 물리적 고통보다 더한 통증으로 수치심을 갖게한다. 물리적 폭력이 주는 고통 이상으로 정신세계를 지배한다. 이 수치심 때문에 헤어 나오기 어려운 것이다. 그렇다면 이 수치심의 상처를 해결하는 가장 좋은 방법은 무엇일까?

수치심이 극에 달했을 때 상대를 해치면 똑같은 사람이 되고 만다. 인간의 품위를 고스란히 보여주는 이성적인 대화란 극에 달한 수치감을 얼마나 잘 참아내느냐에 달려 있다. 그 절정의 순간에 오히려 불쑥 상대에게 양보하라. 내가 더 나은 사람이라는 통쾌한 위안이 다가온다. 이러한 위안은 뜻밖의 선물이다.

사랑하는 커플, 피를 나눈 가족처럼 가까운 관계에서 벌어지는 말의 횡포들을 보자. 서로를 더 잘 알고 있는 사이의 말다툼은 처참하다. 잘 안다는 생각 때문에 수치스러운 기억은 더 크다. 가까울수록 파탄으로 치닫는 수치스러운 말의 순서가 있다.

힐난 → 방어 → 경멸 → 외면

말로 사람을 죽일 수도 있는 고통은 '1단계 힐난'으로 시작된다. 트집을 잡아 거북할 정도로 따지고 드는 '힐난'은 이미 벌어진 상황의 발목부터 잡는다. "어떻게 그따위로", "항상 그런 식이니까" 이미 해놓은 일의 트집은 기본이다.

힐난이 시작되면 상대는 '2단계 방어'에 돌입한다. 상대방의 공격을 막겠다는 방어 역시 조건이 없다. 양보나 이해도 없다. "네가 항상 그렇게 생각하니까", "너 때문에 이런 식으로" 죽을힘을 다해 상대에게 책임을 떠넘기고 공격한다.

이어서 '3단계 경멸'에 이른다. 깔보아 업신여기는 '경멸'의 단계는 치졸한 싸움이 된다. "그럼 그렇지", "하는 꼴이라니", "네가 해봤자 뭘 한다고" 등 이죽거리면 최소한의 자존감 따위는 사치스러운 단어가 된다.

결국 서로 파국으로 내달리는 '4단계 외면'으로 마무리를 맺는다. "내가 다시 너를 보면 사람이 아니지", "속이 다 시원하다. 안 보게 돼서", "죽어서도 만나지 말자"라는 무시무시한 경고로 서로의 관계를 끊어버린다. 이미 수치스러운 모멸감으로 서로 너덜너덜해진 상황에는 주워 담을 수 없는 말로 상황이 종료된다.

이 무시무시한 말의 공포를 역방향으로 되돌려놓을 수는 없을까? 서로의 분노가 팽팽해진 가까운 관계에서 그 파국의 순서를 되돌릴 방법을 생각해보자.

최소한의 경청 → 실낱같은 이해 → 1%의 인정 → 타임아웃

1단계. 분노 속의 최소한의 경청이다.
'내가 그렇긴 했지만', '일단 이야기는 해보고'의 단계다. 핑계

말과 태도 사이

나 변명이라고 해도 서로 할 말은 있다. 도저히 상대의 말이 듣고 싶지 않겠지만, 서로에게 마지막 기회를 주자. 선을 그을지언정 서로에게 마지막 기회를 주는 것이다. 듣고 공격해도 기회는 많다. 마지막 말할 기회를 잃으면 반드시 후회가 남는다.

2단계. 말도 안 되지만 그래도 백번 양보하는 실낱같은 이해다.

말다툼 중에는 상대의 말에 납득이 되지 않는다. 납득이 안 되는 고통 속에서 억지로라도 상대의 입장에 한 번은 서보자. '굳이 뭣 때문에', '정말 그것밖에 방법이 없었다면', '진짜 그게 최선이었다면' 입장을 바꿔서 생각해보려는 순간, 끓던 분노는 조금이라도 누그러질 수 있다.

3단계. 과거의 대화에 대한 1%의 인정이다.

화가 머리끝까지 나서 억지로 들었으니 인정은 언감생심이지만 대화가 통했던 시절의 이야기를 단 1%의 희망으로 떠올려본다. 99%가 비난할 거리지만 1%의 인정을 위한 노력, '그래도 그땐 달랐었는데', '나 역시 그런 생각은 안 했었잖아' 하면서 과거를 회상하면 그렇지 않았던 상대가 아주 미세하게라도 보이기 시작한다.

4단계. 타임아웃 선언이다.

3단계까지 노력했는데도 서로 분이 안 풀린다면 그냥 돌아서야 한다. 관계의 끝이 아니라 대화의 타임아웃을 선언! 수치심이 극에 달했을 때 불쑥 양보하는 작전이다. 단 한 번의 통쾌한 양보가 '그래도 내가 더 나은 사람이지'라는 안정감으로 무장되게 한다.

이야기가 길어져서 자꾸 같은 상처를 후벼 모멸감만 키우고 있다면, 이것밖에 안 되는 사람이라는 수치심까지 이르렀다면 분란만 생긴다. 대화는 멈췄지만, 관계의 단절은 아니니 다음 대화는 조금 다른 각도로 진행할 수 있다.

남편의 외도로 인해 이혼소송을 진행한 가까운 지인이 치열한 2년간의 법정 다툼을 끝내고 결국 함께 살기로 결론을 냈다.

"깨진 도자기를 아무리 붙인다 해도 실금이 남더라고. 다른 건 잊히기도 하고 살겠는데, 말은 너무 오래 가더라. 상대를 공격했던 말, 상대에게 들었던 수치스러운 말들이 자꾸 떠올라서 힘들더라고. 좋은 말만 기억해도 싸울 일이 천지인데 서로를 상처 냈던 말이 씻기지를 않아. 그러면서 깨달았어. 어차피 살기로 한 거 결정적 순간에 불쑥 양보하는 거야. '이 순간, 그래도 내가 더 나

말과 태도 사이

은 인간이지' 이렇게 생각하면서 말이야. 은근히 통쾌하게 우위에 서게 되더라고."

진심이 느껴졌다. 수치심이 절정에 달한 순간의 통쾌한 양보라니! 그 말도 이해가 됐다. 우리는 이성을 가진 사람이니 품격 있는 대처도 가능한 것이다. 어떤 능력자도 내뱉은 말을 거두어들일 수는 없다.

상대가 불쑥 내뱉은 말로 덜컥 겁을 먹는 순간, 나는 씩 웃어보는 것이다. 까짓것, 할 데까지 해봐! 통쾌한 양보로 말이다.

Point

정정당당한 이성을 잃지 않았다면 비열한 상대의 말도 참아줄 수 있다. 그것이 품격이다.

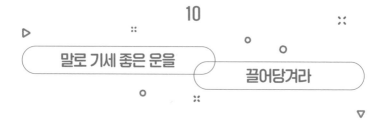

10

말로 기세 좋은 운을 끌어당겨라

　애견 인구 천만 시대에 웃지 못할 이야기 한 편이 있다. 70년 대에 우편물 집배원들 사이에 이색적인 캠페인이 하나 벌어졌는데 집집마다 '개조심'이라는 표지 달기 캠페인이었다. 60~70년 대 집마다 돌면서 편지를 배달하던 집배원들이 개에게 물리는 사고가 많아서 73년 1월 광주의 한 신문에서는 '개물림 사고가 한 해 350여 명이나 된다'는 기사를 보도하기도 했다.

　우리나라를 찾은 한 외국인 선교사가 대문에 '개조심'이라 써놓은 문패들을 보고 한국에는 '개조심'이라는 이름이 많다고 했다는 웃지 못할 얘기도 전해오니 '개조심' 표지가 흔했던 시절이다.

다 함께 어려웠던 시절, 콩 한 쪽도 나눠 먹던 그 시절의 인정 때문에 오빠와 어린 나는 온 동네의 음식 배달부였다.

"엄마가 파전이 맛있게 되었다고 하셔서요."

"엄마가 떡을 좀 하셨다고 드리래서요."

"엄마가 겉절이를 담았다고 전하래서요."

이런저런 이유로 엄마가 담아주신 접시를 몇 개씩 들고 이웃 집에 나눠 드리러 배달을 다녔던 기억은 이제 추억이 되었다. 어린 마음에 음식을 받은 이웃의 기뻐하는 표정을 보는 일은 좋긴 좋았는데 집마다 키우는 개들이 예상치 못하게 달려들어 나는 혼비백산하여 도망가는 일이 많았다.

초인종을 누르거나 대문을 두드리기만 해도 공포스러운 개들의 울부짖는 소리가 들려왔다. 어느 때는 대문을 조심스레 열라치면 목줄도 없는 개들이 쏜살같이 달려와 치마 끝부터 물어 제끼는 바람에 오빠 뒤에 숨어서 엉엉 울며 두려움에 떨어야 했다. 개물림 사고가 빈번해지면서 점점 늘어난 '개조심' 표지 때문에 조금은 마음을 놓고 배달(?)을 다녔지만 나는 그 후로 개에 대한 트라우마가 생기고 말았다.

그렇게 무서웠던 70년대 개의 횡포가 사라졌지만, 이제 우리가 가장 두려워할 횡포의 대상은 '말'이 되고 있다. 개조심이 아니라 말조심의 21세기를 살아간다.

개에게 물린 물리적 상처는 치료 후 세월이 지나면 아물지만, 말에 물린 상처는 세월을 두고두고 덧나면서 결코 아물지 않는다. 한 입으로 두 말 할 일이 절대 안 생긴다고 누가 장담하며 살겠는가. '말조심' 표지판을 목에 걸고 살아야 할 순간이 많다.

말을 삼가야 하는 이유를 강조하던 어르신들은 말에도 기운이 있다고 입단속을 주장했다. 운세를 다루는 전문가들도 말을 조심하지 않으면 그 말이 사람의 운세까지 기울게 한다고 조언한다. '된다! 된다! 하면 일이 되지만, 안 된다! 안 된다! 하면 안 되는 이유만 찾게 된다'는 말처럼 평소 말의 습관이 운을 부른다는 설명이다. 말의 주술성은 두렵다.

《운을 부르는 말과 행동 50》의 이상헌 작가가 현존 인물 15000명과 역사 인물 5000명을 뽑아 특징을 분석했는데 '운은 스스로 운이 좋다고 여기는 사람의 편'이라고 결론을 내리며 한 인터뷰에서 이렇게 말했다.

"운을 잡는 사람은 100% 긍정적인 사람들이었습니다. 마음이 즐거우면 자신이 있는 곳이 천국이 되지만, 마음이 힘든 사람은 수천 억의 돈을 가지고 있어도 지옥에서 벗어나지 못합니다. 그래서 매달 많은 수익을 올리면서도 부족함을 느끼는 사람이 있는 반면에 적은 수입으로도 풍족하게 사는 사람이 있는 법입니다."

행복의 조건을 결정한 마음들이 평소의 말을 만들어 입을 통해 나오는 순간 운명의 기운이 결정된다는 것이다. 세 치 혀의 말로 복을 짓는 순간이다.

실제로 30년의 방송 생활을 통해 여러 유명인들을 인터뷰하며 느끼게 된 것은 그들의 성공을 이룬 주요 요인이 '긍정의 말'이었다는 점이다. 낙천적인 사람들은 평소 자신을 격려하는 말투를 입에 달고 산다. 고통 속에서도 다시 새로운 도전의 말을 준비한다. 자신뿐만 아니라 타인에게도 저주나 폭언 같은 부정의 언어가 아니라, 지지와 응원 같은 긍정의 언어를 아끼지 않는 사람들이었다.

긍정적인 사람의 언어에는 긍정의 기운이 넘친다. 아픔도 낙천적으로 극복하려는 긍정의 기운, 상대가 받아들이기 쉽게 하려는 다정하고 친밀한 기운이 있다. 말은 기운과 함께 온다.

늘 비관적인 말을 달고 사는 사람과는 10분만 같이 있어도 그 비관적인 부정의 말들이 금세 악재를 부를 것만 같다. 결코 곁에 두고 싶지 않다.

제주 약천사 혜인 스님은 한 법문에서 '한번 내뱉은 말은 다시 주워 담을 수가 없고 상대의 가슴에 비수를 꽂은 말은 내가 수십 배의 대가를 치른다'고 했다. 특히 '마음의 진실을 어기는 망언(妄言), 환심을 사기 위해 아첨하는 허망한 약속의 기어(綺語), 하나뿐인 혀로 둘 사이를 오가며 다투게 하는 양설(兩舌), 추악한 말로 남을 욕하고 희롱하는 악구(惡口)의 4가지 망어(妄語)를 삼가라'고 당부했다. 종교를 떠나 마음에 새겨볼 만한 말이다.

나는 이 순간 어떤 기운의 말을 짓고 있는가? 진지하게 자문해 본다. 개조심의 두려움보다 말조심의 공포가 더한 요즘이다. 남의 불행을 구경하는 뒷담화로 내게 주어진 운명의 기운을 절대 낭비하지 말자. 긍정의 말들로 기세 좋은 운들을 불러 모으자. 성공은 바로 거기에서 우리를 기다린다.

Point

론다 번(Rhonda Byrne)의 《시크릿(The Secret)》은 50개 이상의 언어로 출간된 세계적인 베스트셀러다. '긍정의 말이 긍정의 현실을 만든다'는 결론에 귀를 열어보자.

말과 태도 사이

PART 4

일터에서
말이 경쟁력이 되는 순간

01

서둘러 말하지 않는

용기

우리는 어떤 사람에게 매료되는가? 사회심리학자들이 말하는 대인관계의 여러 호감 요인 중 상보성(相補性)은 서로 모자란 점을 보충할 수 있는 관계, 즉 자신이 갖지 못한 점에 끌리는 보완성이다. 대화를 나눌 때 상대가 가지지 못한 점을 파악해 채울 수 있다면 유리한 위치에 서게 된다. 비즈니스 관계에서 품격 있는 말의 기술은 의외로 간단하다.

상대방의 말에서 상보성의 원리를 찾는 것이다. 모자란 점을 보충해주는 대화로 상대에게 어필하여 관심을 획득하는 것이다. 상대방이 매우 빠르게 말하는 사람이라면, 나는 좀 더 느린 속도로 차분하게 응수하며 상대의 관심을 유도한다. 상대가 숨도 쉬지 않고 말을 속사포처럼 내어 놓는다면 지지 않고 말을 꺼내 들것이 아니라, 일단 진심의 눈빛과 액션으로 깊이 있는 경청을 하는 것만으로도 상대의 관심을 절반은 뺏어올 수 있다. 상대와 다른 태도로 상대의 말하기를 보충해 준다면, 상대는 배려받고 있다는 느낌을 갖게 되어 믿음과 신뢰는 절로 생겨나게 된다.

품격 있는 대화의 핵심은 내가 아니라, 상대가 원하는 것을 먼저 파악하고 챙기는 것에 있다. 이를 위해 일단 갖추어야 할 말의 기본재료노 있다. 좋은 목소리를 갖고 싶다면 최선의 음성 훈련으로 가질 수 있고, 말하는 방법과 태도 등은 얼마든지 연습이나 훈련으로 가능하다. 그러나 훈련과 연습으로도 되지 않는 것이 있다면 말하는 사람의 지적 수준이다.

사람들은 단 10분의 대화에서도 상대의 지적 수준을 평가한다. 여기서 말하는 지적 수준은 흔히 말하는 가방끈의 길이가 아니다. 다음과 같은 것을 보면 기본적인 지적 수준을 알 수 있다.

· 사물을 바라보는 사고의 태도
· 세상을 바라보는 관심의 정도
· 상대의 말에 호응하는 자세

말을 잘하는 사람들을 유심히 살펴보면 세상에 대한 관심의 폭도 넓다. 그런 관심과 호기심은 대화 속 화제의 폭도 넓게 만든다. 다양한 화제들이 등장하면서 사람을 돋보이게 한다.

모든 분야를 섭렵할 수는 없다. 하지만 '유식'까지는 아니어도 '상식'을 포기해서는 곤란하다. 전문가 수준으로 유식할 필요는 없지만 몰상식해 보이도록 무식해서는 안 된다는 것이다. 지식은 부족해도 화제에 대해 호기심을 가지고 응수하는 태도가 매너 있고 품위가 있다면 상대의 호기심을 끌어내기에 충분하다.

박식까지는 아니어도 눈치껏 이야기의 분위기를 탈 수 있는 상식, 두루두루 폭넓게 아는 다식은 사람의 수준을 가늠하는 척도가 되기도 한다.

말은 많은데 들을 거리가 없는 말이라면 비즈니스 세계에서는 허세에 불과하다. 대화의 내용이 깊지는 않아도 넓은 관심은 필수다. 소모임이든 대규모 모임이든 각자의 비즈니스를 위해 모였다면 사람들은 일단 공통 화제를 최근의 뉴스에서 찾기 시작한다.

가장 쉽게 말문을 여는 관심거리가 뉴스이기 때문이다. 시류를 잘 파악하고 있는 정도의 대화라면 무난하다. 사업을 하는 비즈니스 관계에서 개인사가 등장할 일은 그리 많지 않다. 단 30분의 대화에서라도 상대에게 품격 있다는 평가와 후한 점수를 받고 싶다면 상식 수준의 화제에 늘 관심을 가져야 한다.

혹여 대화 중 낯선 이슈가 등장한다 해도 긴장할 필요는 없다. 차라리 모를 땐 모른다고 솔직히 말하는 태도가 더 믿음이 간다. 그럴 때는 상대의 이야기를 적극적으로 경청하자. 잘못 아는 척하는 경솔한 말의 태도야말로 오히려 신뢰와 믿음에서 치명타를 입힐 수 있다.

비즈니스 관계의 말하기는 미팅과 같은 대면의 말하기뿐만 아니라 공적 회의, PT 발표 등 다양한 형식으로 이어진다. 높은 성과를 내는 사람들의 말습관을 알아보자.

1. 웃음으로 말한다.

여기서 웃음은 적극적인 호기심을 말한다. '웃지 않으려거든 가게 문을 열지 말라'는 유태인 속담이 있다. 장사를 하기 위해 웃음은 필수라는 말이다.

비즈니스 파트너에게 상대는 낯설고 어려워서는 안 된다. 호기심으로 서로를 탐색하고 싶어야 한다. '호기심이 가득한 말'은 사람과의 관계를 끌어당기는 마법 같은 기술이기도 하고, 어려

운 상황을 함께 풀어보는 핵심도 된다. 무엇이든 다 아는 척척박
사보다 무엇이든 호감을 갖도록 성의 있게 말하고 들어주는 상
대방이 한결 더 큰 매력을 발산한다.

2. 핵심부터 훑어주는 말하기를 선택한다.

결론을 앞에 세우는 두괄식 말하기가 관심을 집중시키기 좋
다. 말하려는 요지가 한참 뒤에 나오면 듣는 상대에게 혼선을 주
기 쉽다. 미괄식보다는 두괄식 말하기로 상대를 공략하여 비즈
니스를 이어간다.

3. 미팅 전 대화할 내용을 충분히 공부한다.

심리학 용어 중에 '초두 효과'라는 말이 있다. 처음에 얘기한
정보가 나중에 말한 정보보다 훨씬 더 막중한 인상을 준다는 말
이다. 처음부터 콘텐츠에 대한 이해가 부족해 보이는 자신감 없
는 인상은 대화를 부자연스럽게 만든다. 그렇게 낙인찍힌 첫인
상은 아무리 뒤에 가서 청산유수로 말을 이어가도 궁색한 변명
이나 부풀린 허세처럼 들린다.

그래서 비즈니스 미팅 시 주요 테마와 관련된 정보 공부는 필
수다. 내용이 제대로 파악이 되어야 자신감이 생기고, 자신감이

생겨야 호기심 어린 말로 여유 있게 상대를 설득할 수 있다. 이 야기를 들으러 나간 것이 아니라, 관계를 리드해 비즈니스를 성공시키는 것이 목적이라면 자신감 있는 대화로 상대에게 어필해야 한다. 대화의 내용을 충분히 공부하고 숙지하자.

주부 프로그램을 진행할 때 함께 방송했던 소아정신과 의사는 그 분야의 대단한 전문가였다. 서울 한 방송사에서 아이들의 성장 변화를 관찰하는 프로그램을 진행한 경력이 많아 매우 노련했다. 내놓는 말들은 듣는 순간 빠져드는 마법 같았다. 그녀의 방송이 성공적이었던 요인을 분석하니 바로 눈높이를 맞춘 말이었다.

의사로서 전해주는 전문지식의 유식한 말이 아니라 '엄마의 언어'로 전하는 상식적인 수준의 이해하기 쉬운 눈높이를 맞춘 말로 폭발적인 인기를 얻었다. 전문의료인으로서 지식만을 전달하려 했다면 남들 다 하는 방송이 되고 말았겠지만, 엄마들의 마음을 읽는 말하기는 오래도록 인기를 끌었다.

일에서도 마찬가지다. 상대를 먼저 살피는 것이 중요하다. 선불리 나서지 말자. 품격 있는 비즈니스맨들은 결코 서두르지 않는다. 노련하고 여유롭다. 나를 먼저 보이기에 급급해하지 말고, 상대를 탐색하는 시간을 먼저 갖자.

말과 태도 사이

상대의 부족한 말그릇을 여유 있게 채워주며 관심을 얻어낸 뒤, 설득력 있는 대화의 핵심 요인들을 잘 풀어간다면 성공의 열매를 맛보게 될 것이다.

Point

상대가 배려받고 있다는 느낌을 받으면 나에 대한 신뢰는 저절로 생긴다.
상대와 다른 태도로 상대의 말하기를 보충해주자.

02

신뢰를 주는 말투

신뢰를 잃는 말투

2년 전, 독일의 유명브랜드 외제차를 2000대 넘게 판매하며 판매왕이 된 부산의 수입차 딜러와 인터뷰를 한 일이 있다. 5년 간 최고의 세일즈 컨설턴트로 연속 선정되기도 한 그는 전국의 판매왕 자리까지 차지하며 성공 신화를 썼다. 힘들고 고단했던 지난 일을 이야기하며 20분간의 길지 않은 인터뷰에서 그는 급기야 눈물을 보이고 말았다.

방송 인터뷰를 하다 보면 상대방의 눈물에 마음이 함께 동요되는 순간이 있다. 여유 있고 유쾌한 말투로 대화를 이어가던 그가 마지막에 보인 반전의 눈물에 진행자인 나도 코끝이 찡해져서 클로징 멘트를 황급히 끌어갔던 기억이 지금도 생생하다.

사람이 많아 수입차 팔기가 가장 좋은 조건일 것 같은 서울이 아닌 부산이라는 도시에서 전국의 판매왕이 되기까지 얼마나 고단했을지 꺼내는 말 한 줄 한 줄에 아픔이 보였다. '낮에는 수입차 딜러로, 저녁에는 포장마차 운영으로 하루 2시간의 쪽잠을 자기도 했었다'는 이야기 속에서, 5년간 최고의 세일즈 컨설턴트로 선정되었던 그가 소비자를 공략한 기술은 무엇이었을지 궁금해졌다.

그는 어떤 말로 고객의 사인을 받아냈을까? 그 많은 경쟁사들을 제치고 어떻게 고객을 설득했을까? 나는 인터뷰를 통해 그의 말이 소비자를 유혹할 수 있었던 비결을 깨닫게 되었다. 그는 '차'를 판 것이 아니라 자신이라는 '사람'을 먼저 팔았던 것이다.

차의 고급스런 외장과 뛰어난 성능, 합리적인 가격을 제시하며 수익을 고려하기 전에, 자신의 진심을 보이며 다가가고 고객의 입장에서 원하는 것을 고민하며, 성심을 다해 상담하면서 믿음을 얻어내는 것이 우선이었다.

한 번 만나 계약을 이루지 못하면 두 번 만나 마음을 나누고, 두 번이 안 되면 세 번 아니 열 번을 만나더라도 차 이야기를 떠나 사람의 관계 맺기에 마음을 다했다. 고객과 나눈 대화 속에서 경조사를 잊지 않고 인사라도 챙기면서 마음을 얻어 갔다.

고객이 우울해할 때는 노래까지 불러준 적이 있다는 이야기를 들으며 결국 고객들의 마음을 이끌어 낸 것은 겉도는 정보의 말이 아니라, 사람을 보여준 믿음의 말이었음을 깨닫게 했다.

소비자들은 상대가 얼마나 믿을 만한가 판단이 되었을 때 지갑을 연다. 가끔 백화점 매장에 방문했다가 세일즈하는 판매원의 태도에 지갑을 닫아버리고 돌아섰다는 고객들의 이야기를 듣는다. 사람의 겉모습을 훑듯이 살피며 말투가 달라지는 경우도 경험한다. 차림이 화려하면 매끈하고 품격 있는 존칭어로 다가오다가도, 행색이 별 볼일 없으면 방관하듯 던지는 말투에 기분이 나빠 열었던 지갑도 닫는 것이다.

그래서 소비자를 대하는 세일즈맨들에게 가장 중요한 것은 '편견을 버리는 말 연습'이다. 나의 세일즈 대상은 그 누구라도 대상이 될 수 있다. 그래서 사람에 대한 편견을 버리고 진심의 말을 꺼내 드는 것이 중요하다. 말을 잘하는 프로와 아마추어의 차이는 극명하다. 말을 잘하는 사람은 누구에게나 공손하고 매너 있지만, 하수는 겉모습으로 사람을 골라가며 말을 꺼낸다. 사람에 따라 꺼내는 말들은 진심이 아닌 순간을 처리하기 위한 방편일 확률이 높다.

미국에서 약 1년 정도 거주했는데 국제운전면허가 필요해 현지에서 면허 시험을 신청했다. 1차 필기시험에서 언어를 고를 수 있었는데 당연히 한국어 시험지를 선택한 나는 시험지를 받고 기절하는 줄 알았다. 내가 아는 한국어가 맞나 의심이 될 지경이었다. 글자는 한국어인데 아무리 눈을 씻고 읽고 다시 읽어도 문제가 이해되지 않았다.

예를 들어 'Turn left'는 왼쪽으로 꺾으라는 의미인데, 한국어 시험지에는 '좌방향으로 틀어 운전대를 좌편으로 이동하세요'라고 쓰여 있는 식이었다.

나중에 왜 이런 문제들이 있는지 주위에 물었더니, 이민 1세대가 한자 중심으로 번역했던 문장들이 수정되지 않고 그대로 남아 있어서라고 했다. 영어 실력이 뛰어나지도 않은 내가 한국어 시험지를 포기하고 영어 시험지를 다시 선택했다. 지금은 상황이 어찌 변했는지 모르겠지만 잊을 수 없는 아이러니한 경험이었다.

이처럼 당연하다고 생각한 일들이 당연하지 않게 다가오는 경우가 있다. 일주일에 한 번 장을 보러 마트에 갈 때마다 지나치게 되는 치과가 있다. 겉에서 봐도 치과는 아주 깨끗하고 근사하다. 그런데 그 치과 건물 벽에 이런 문장이 붙어 있다.

'건강하고 가지런한 치아가 고민이라면 해답은 ○○치과입니

다.'

건강하고 가지런한 치아를 갖고 싶은데, 그렇지 못한 게 고민이라면 찾아오라는 의미라는 것을 알겠다.

그런데 한번은 외국인 친구와 그 옆의 카페에서 만났더니 그 문장 얘기를 꺼냈다.

"저거 좀 이상한 말 같아. 건강하고 가지런한 치아가 왜 고민이야? 치과에 가면 어떻게 만들어주는데?"

외국인 친구의 지적에 나는 웃고 말았다. 모두가 이해할 거라는 당연한 시선이 어느 경우에는 오해를 불러오는구나 싶었다.

우리말에는 사회적 관습이나 편견이 당연하게 묻어날 때가 있다. 그래서 소비자를 공략하는 세일즈맨의 말하기는 섬세해야 한다. 상대의 감정을 읽어내려면 '당연히 그럴 것이다'가 아닌 '그럴 수 있을까?'라는 의심으로 늘 소비자의 입장에서 바라보는 섬세한 말하기가 필요하다.

소비자들마다 입장이 다르기 때문에 '젊은 세대는 집보다는 차를 선호할 것이라거나, 나이 든 세대의 소비는 보수적일 것이라거나, 돈이 많은 사람들의 소비는 보다 자유로울 것'이라는 생각은 편견에 불과할 수 있다. 편견을 버리고 상대의 입장을 이해할 때 소비자의 마음을 열 수 있다.

영업의 기본은 상대를 설득하는 말이다. 서로를 알아가기 위한 단계에서 선입견이나 편견으로 다가가는 말 실수는 상대를 불쾌하게 만들고 신뢰도를 떨어뜨린다. 무엇보다 상대를 대하는 말하기에서 기본적인 실수가 잦으면 품격과 더욱 거리가 멀어진다. 경박한 말을 구사하는 가벼운 세일즈맨에게 나의 소중한 자산을 내어줄 소비자는 없다.

어느 날, 어르신들을 모시고 방송 진행을 하던 사회자가 이런 말을 했다.

"아, 어머니께서 그런 마음을 잡수셨군요."

하지만 이때는 이렇게 말을 해야 옳다.

"아, 어머니께서 그런 마음이 드셨군요."

우리가 무엇을 하겠다는 생각을 할 때 '마음먹다'라고 표현하는데, 사회자는 어르신들을 극존칭으로 대접한다고 한 것이 마음까지 잡수시게 만들었던 것이다. 전문 진행자의 말실수라니, 보는 내가 다 안타까웠다.

기대감이 깨지는 실수는 사람을 우스워 보이게 한다.

"대리님, 사장님께 전화가 오셨어요."

무슨 말이지? 사장님이 전화를 했다는 말 같은데 어떻게 전화가 오시지? 사장님을 올렸으니 전화기까지 올리지 않아도 된다.

"사장님께서 전화를 하셨어요!"라고 하는 게 맞다.

대화로 일단 소비자와 소통을 시작하는 세일즈맨의 입장이라면 말의 어투나 표현의 기본을 제대로 익혀야 한다. 경어나 은어의 문제도 마찬가지다.

은어를 사용할 때 솔직한 말로 표현한다고 해도 비속어의 느낌을 주어서는 안 된다. 이미 관계가 친밀해져서 일부러 비속어의 느낌으로 더욱 친근감을 돋워보려는 의도가 아니라면 표준어는 세일즈 대화의 원칙이다.

특히 방송에서 리포터들이 취재를 해오면 나는 항상 조심해달라고 강조하던 부분이 있었는데, 본인이 해 온 취재를 '카더라'로 전달하는 어투였다.

A, B, C의 여러 원료를 사용한 뒤 화장품의 기능을 조사하고 돌아온 리포터가 취재 내용을 전달하고 있다.

B가 많이 들어간 제품이 기능 면에서 품질이 좋았습니다.

→ 리포터가 제품 기능을 취재한 뒤 좋다고 확인하니 전달 내용이 신뢰가 간다.

B가 많이 들어간 제품이 기능 면에서 품질이 좋다고 합니다.

→ 좋다고 했다고? 직접 취재도 안 하고 전달하는 거야? 전달 내용에 믿음이 가지 않는다.

소비자를 대상으로 한 세일즈맨들의 대화에 가장 신뢰가 무너지는 것은 정보의 취약성이다. 세일즈를 하고자 하는 대상에 대한 정보가 허술해서 '카더라'식 대화를 남발해 남들이 그렇다더라는 정보만 양산하는 세일즈맨에게 어느 소비자가 관심을 보이겠는가.

기본적인 신뢰를 위해 정확한 사실과 정보로 무장하되, 신뢰 있는 말투로 매너 있게 전달해야 소비자는 다가온다.

표준어의 사용, 기본적인 경어의 잘못된 사용, 오해를 부를 수 있는 은어, 확인되지 않은 사실 등 기본적인 말들에서 벌어지는 실수는 세일즈맨의 자질을 의심받게 한다. 기본을 더욱 철저하게 준비하는 자세가 필요하다.

> **Point**
> 아무리 해박한 지식도 잘못 사용하면 상스러운 말이 되고 만다.

03

말의 방향을 맞춰라

20년 넘게 다니던 헤어샵이 지난 연말 문을 닫았다. 오랜 세월 동안 친숙하게 발걸음 했던 곳이 문을 닫고 나니 요즘은 머리 할 일이 있을 때마다 온 동네를 헤맨다. 그곳이 사라져서 가장 아쉬운 것은 머리를 만져주던 기술 때문만은 아니다. 헤어샵에 갈 때마다 원장님과 나누던 대화는 꽤 쏠쏠한 흥미가 있었는데 그 즐거움이 모두 사라진 허전함이 크게 다가왔다.

아쉬운 마음을 달래며 어느 날은 직장 근처의 낯선 헤어샵을 찾았는데 피곤함을 달래러 갔다가 더 피곤해져서 돌아왔다. 쉬고 싶은 내 마음은 헤아리지도 않고 어찌나 말을 쉬지 않고 시키

말과 태도 사이

는지 대답을 안 할 수도 없고 말을 하다 지쳤던 것이다.

고객에 따라 말의 반응이 달랐던 현명한 원장님의 헤어샵은 작은 상가 3층에 자리해 있었다. 좌석은 단 2개로 좁은 공간임에도 구석구석 공간을 메우고 있는 것은 책들이었다. 손님이 없는 틈을 이용해 늘 책을 손에 들고 있었던 원장님의 모습은 20년이 넘도록 한결같았다. 책을 좋아하는 그녀는 아는 것도 많았다.

뉴스 이야기를 꺼내면 관계된 외신도 척척 전해주었고, 경제 이야기를 꺼내면 강의에서 들었던 최근 주식 트렌드를 읊어 주었다. 책을 좋아하니 참으로 박식했다. 그녀의 말은 고객을 향해 항상 열려 있었다. 고객의 마음을 잘 헤아려 대화를 건네준다. 단골손님들의 사연을 결코 잊는 일이 없다.

문을 열고 들어서는 어느 할머께는 "어머니, 김장은 다 하셨어요? 고춧가루 사러 강원도까지 가셨다면서요?" 이렇게 지난번에 나누던 대화를 잊지 않고 이어갔고, 어린아이의 손을 잡고 들어온 엄마에게는 "어서 와라! 지난번에 치과 간다더니 안 무서웠어?" 이렇게 살뜰히 사정을 헤아린다. 무뚝뚝하게 앉아 있는 남자 손님에게도 "작은 아드님이 좋은 고등학교에 갔다면서요? 아빠 닮아 공부를 잘했나 봐요" 하고는 기분 좋은 인사도 꺼내 들었다.

내가 들릴 때마다 지난번에 하소연했던 직장 동료와의 갈등을 다시 물어봐 주었고, 새로운 직장으로의 이직을 고민할 때도 마음은 결정했는지 번번이 챙겨 주었다. 아이가 자라고 나이가 들면서 그녀와 나눈 이야기는 동네 사랑방 언니와 밀담을 나누듯 추억이 쌓여갔다.

도대체 그 많은 고객들의 사연을 어찌 다 기억하는지 신기할 정도였다. 고객에 맞춰 그녀의 말은 달랐다. 어떨 때는 큰 소리로 수다스럽게 맞장구도 치고, 어느 손님에게는 정갈한 응대로 말을 아껴가며 늘어 주었다.

학창 시절 내내 매우 내성적이고 소심한 성격이었던 그녀는 자신이 어떻게 이 많은 고객과 상대하는 헤어샵의 원장이 되었는지 모르겠다며 웃음을 보였다. 아니, 헤어샵의 원장이라는 자영업자로 살아가면서 고객과 나누어야 했던 많은 대화 속에서 소심했던 성격이 많이 달라졌다며 오히려 큰 도움을 받았다고도 했다.

처음에 가게를 오픈하고 제일 힘들었던 것은 늘 서서 일하는 고단한 몸의 수고가 아니라 각양각색의 태도로 말을 걸어오는 손님들을 제각기 응대하는 일이었다고 속을 털어놓았다. 똑같은 말도 손님에 따라서는 다르게 받아들이니, 사람의 말을 상대한

말과 태도 사이

다는 것처럼 피곤한 일이 없었다고 했다.

어느 날은 파마를 하러 들어서니 다른 손님이 먼저 자리를 잡고 있었다. 커피 한잔 마시며 순서를 기다리고 있는데 앞서 머리를 하고 있던 손님은 내가 봐도 짜증 나게 말을 하고 있다.

"앞머리 1cm만 더 잘라보세요. 아니요, 조금 더요."

"다 된 거예요? 머리카락이 왼쪽이 더 삐져나온 것 같아요."

"아, 뒷머리도 조금 더 잘라야 하지 않을까요? 거울 좀 보여주세요."

참으로 까다롭네 싶었다. 원장의 동작 하나하나를 지적하고 있다.

"원장님, 그런데 왜 나한테만 말을 많이 안 해요?"

"제가요? 그럴 리가요."

"원장님, 제가 자주 오는 게 싫어요?"

"아니요, 제가 왜 싫겠어요."

삐딱한 시선으로 한참 시비를 걸던 손님은 아주 까다롭게 자를 재듯이 왼쪽 오른쪽 머리카락을 재단하고는 온갖 까탈을 다 부리고 드디어 가게를 나섰다. 손님이 가고 나서 물으니 매주 한 번씩 찾아오는 단골이라고 했다.

머리가 마음에 안 들거나 주인의 태도가 마음에 안 들면 다른 곳에 가라고 해도 굳이 이 미용실을 찾아온다고 했다. 어떨 때는 너무 힘들고 피곤해서 무성의하게 대답하고 싶어도 그렇게 하지 못하니 스트레스라고 했다.

자영업을 하면서 겪게 되는 까칠한 고객들과의 말의 전쟁은 가장 힘든 걸림돌이다. 아무리 예의 바르게 대한다고 해도 기본이 안 되어 있는 사람들은 예의를 무례하게 받으니 말이다. 고객이라는 이유만으로 횡포를 부리는 말들도 난무한다.

지난 시간 버티며, 이렇게 많은 단골손님을 확보한 비결을 묻자 한마디로 정리했다.

"어차피 가게는 해야 하고, 손님을 바꾸지 못할 바에는 나를 바꾸자고 결심했어요."

나름의 해답이었다. 서비스를 받기 위해 찾아오는 고객의 태도는 천차만별이었고 그들에게 매너를 요구하는 일은 오히려 무리수라고 판단한 뒤, 그녀는 '손님은 무조건 왕'이라는 생각으로 나를 다시 세팅하겠다고 마음먹었던 것이다. 내성적이었던 태도는 마음을 고쳐먹으니 차라리 쉽게 변화가 왔다.

자영업자로 20년이 넘는 세월을 살아온 그녀의 스트레스 받지 않는 성공적인 대화의 요령은 이러했다.

1. 상대의 캐릭터를 살피고 내 말의 양을 조절한다.

말하기를 좋아하는지 듣기를 좋아하는지 살핀 뒤 할 말의 양을 조절한다.

2. 상대방의 반응을 보고 이에 따라 자신의 말투를 바꾼다.

큰 소리로 맞장구쳐 주기를 원하는지, 조용하고 간단하게 응대만 해주기를 원하는지 파악한 후에 내 말투를 결정한다.

3. 고객과의 대화 속에서 논리성을 지운다.

누가 언제 무엇을 어떻게 했는지를 따지며 기승전결의 논리를 펼치지 않는다. 지금 이 순간, 상대와의 대화에 최선을 다할 뿐이다.

4. 고객과 나누는 대화의 수준을 판단하지 않는다.

세상에 쓸데없는 이야기란 없다. 어떤 이야기를 듣든 정보라고 생각한다.

상대를 나의 단골손님으로 정착시킬 생각이라면 그와의 대화속에 논리는 잊어버려라. 손님과의 논리 전쟁으로 얻을 게 없다.

이런 마음의 무장이 그녀의 헤어샵을 동네에서 가장 핫한 곳으로 만들어주며, 사람 좋은 원장님이라는 입소문만으로 헤어샵은 늘 북적였다.

Point

대화의 성공 포인트는 의외로 단순하다. 내게 말을 거는 순간, 상대의 말에 방향을 맞추는 것이다.

04

내가 원하는 대답을 상대에게 이끌어내는 법

워낙 말하기를 좋아하고 일 벌어진 곳을 그냥 지나치지 못하는 성격 덕에 나는 참새가 방앗간 앞을 지나치지 못하는 것처럼 누군가의 관계가 틀어진 곳을 그냥 지나치지 못했다. 친구 둘이 싸워서 냉랭한 관계가 보이면 반드시 끼어들어 그 관계를 풀어주어야 속이 편했다. 타고난 성향이 그러하니 먼저 다가가고 먼저 말 건네기를 좋아했다.

미국에 도착해 한인 마트에 장을 보러 간 첫날, 아는 사람 하나 없는 미국 생활에 도움을 좀 받으려고 마트 입구에서 서성이다가 나이가 비슷해 보이는 두 여성 앞에 섰다.

"안녕하세요? 혹시 한국인이시죠?"

깜짝 놀란 두 사람이 뒤로 한걸음 물러선다.

"혹시 지금 어디 가세요?"

'도를 아십니까'는 시작도 안 했는데 표정이 굳는다.

"저희… 점심 먹으러 가는데 왜…요?"

"아, 그 점심 제가 사면 안 될까요? 저는 이상한 사람은 아니고요, 한국에서 온 지 일주일도 안 됐는데 아는 사람도 없고 해서요."

두 사람은 잠시만 시간을 달라며 저 멀리에서 긴급회의를 열었다. 그렇게 알게 된 그녀들과 한국으로 돌아오는 날까지 얼마나 친하게 지냈는지 모른다.

낯선 이들과의 대화를 망설이지 않는 성격과 레이더에 걸리면 낯가리지 않고 먼저 다가가는 넉살으로 관계를 맺는데 성격 덕을 많이 봤다. 말을 나누는 일에 전혀 어려움이 없었다. 그런 내가 말을 나누는 일이 얼마나 어려운 일인가를 통감했던 사람이 딱 두 사람 있었으니 그 이름 '안철수'와 '이창호'다.

이제는 정치인으로 이름 드높은 안철수 대표를 처음 만난 건 아주 오래전, 내가 20대의 나이로 프리랜서 방송작가를 할 때였다. 동작구의 한 아파트로 컴퓨터 백신프로그램의 개발자로 이름을 높인 의사 안철수를 찾아갔다.

인터뷰 질문마다 붉어진 얼굴로 고개를 숙이며 "네, 그렇습니다", "아닙니다", "그건 ~입니다(짧막한 한 문장)"가 전부였던 인터뷰에 나는 적잖이 당황했다. 술술 풀려나올 문장을 기대했던 나는 원고의 분량을 어떻게 채울지가 고민이었다.

집을 나서며 난감해하던 나의 표정에 동의하던 사진기자의 얼굴이 지금도 눈에 선하다. 그런 그가 정치인으로 보여주는 지금의 달변은 상상을 초월한다. 말그릇은 연습으로 단련된다는 믿음을 확실히 갖게 되었다.

어려웠던 인터뷰 중 기억에 남는 또 한 사람, 국수 이창호 씨다. 세계 최연소 타이틀을 14살에 획득하고 바둑계의 기라성 같은 존재로 자리 잡은 10대의 이창호 씨를 인터뷰하러 갔다. 바둑인들 사이에 돌부처로 알려진 이창호 씨는 생각이 깊고 우직했다. 그런데 인터뷰 대상자로 우직한 사람은 정말 대하기가 힘들었다.

"예", "아니오" 딱 두 단어로 이어진 인터뷰를 1시간쯤 이끌어가는데 진땀이 났다. 혼자만의 드라마를 쓴 것 같다.

인생 속에서 만나게 되는 가장 어려운 사람들이 있다. 말이 적어도 너무 적은 사람들이다. 아무리 놀라운 기술로 말을 리드한다고 해도 속에 있는 알맹이를 꺼내는 데까지 쉽지 않은 난관이 이어진다.

낯선 사람들이나 말하기를 즐기지 않는 사람들과 좀 더 친밀하게 오래도록 대화를 이어가는 방법은 없을까? 이때는 생각을 묻지 말고, 사실을 묻는 것이 좋다.

"그거에 대해서는 어떻게 생각하세요? 어떻다고 보세요?"

이렇게 판단이나 생각을 물으면 낯선 사람들은 쉽게 마음의 경계를 풀지 않아 대답이 어렵다. 더구나 말수가 적은 사람이라면 생각을 더 많이 하기 때문에 대답이 빠르게 나오지 않는다.

"그거에 대해서 들으신 것들이 있나요? 제가 아는 내용은 이런 데 맞나요?"

이렇게 사실을 확인하는 정도의 이야기로 말의 물꼬를 트는 것이 한결 쉽다. 주관적인 판단이나 생각을 묻기보다, 사실을 설명하고 확인하는 내용으로 유도하는 것이 대화를 쉽게 이어가게 한다.

영어방송국에서 국장으로 근무할 때 영어를 좀 더 공부하기 위해 출근길 사무실에 들어서며 인사를 바꿨다. 출근길에 마주치는 외국인들과 다른 말로 인사를 나눠보기로 한 것이다.

우스갯소리로 늘 하는 말이 있지 않은가. "How are you?"를 외치면 "I'm fine. and you?"가 자동반사적으로 뒤따라온다.

이 무의식에서 벗어나 보자고 마음먹었다. "Good Morning"과 "How are you?"를 버렸다.

"아침은 먹었어요?", "오늘은 어제보다 춥네요", "여름이 언제 갈까요?", "피곤해 보여요!", "살 빠진 것 같네요", "좋은 일 있어요", "오늘도 바쁜가요?", "티타임 한번 해요!"

인사를 바꾸니 돌아오는 답들도 다양해졌다. 인풋에 따라 아웃풋이 달라지는 원리다. 친숙한 사이나 말을 좋아하는 사람들은 70의 인풋으로도 100의 아웃풋을 꺼내 들지만, 아직 낯선 사이에서는 공들인 100의 인풋이 있어야 100의 아웃풋도 가능하다. 관계도 연습이 되면서 발전한다. 그런 과정 속에서 믿음이 쌓여야 낯선 거리가 쉽게 대화로 풀린다.

요리를 좋아하는 사람이라면 요리 앞에서 자연스럽게 할 말이 떠오르고, 골프에 관심 있는 사람이라면 당연히 골프를 떠올릴 때 할 말이 많아진다. 상대가 관심 있는 주제나 테마를 좀 더 깊이 있고 다양하게 준비해 대화를 이어간다면 상대도 부담 없이 할 말을 찾을 것이다.

컴퓨터 백신 프로그램과 바둑에 대해서 내가 좀 더 해박한 지식으로 이야기를 꺼냈더라면, 다양한 방면으로 화제를 꺼내 들었더라면, 그 당황스러웠던 인터뷰가 한결 쉽지 않았을까? 지금도 종종 해보는 반성의 의문이다.

Point

듣고 싶은 말을 끌어내지 못하는 말은, 대화를 끝내고도 늘 아쉽다.

05

상대를 설득하는
근본 원리

영화 〈Catch Me If You Can〉은 2002년 스티븐 스필버그(Steven Spielberg) 감독과 레오나르도 디카프리오(Leonardo DiCaprio), 톰 행크스(Tom Hanks) 등이 출연한 화제작으로 많은 상을 수상했다. 실화를 바탕으로 만들어진 이야기의 중심에는 16살에 집을 뛰쳐나온 주인공 소년이 있다.

채 스물도 되지 않은 소년은 2년간 항공기의 부조종사를 사칭해 200차례에 걸친 공짜비행을 감행하고, 1년 동안 소아과 전문의로 근무했으며, 법무장관 사무실의 변호사로 위장 취업했다. 1969년 프랑스에서 체포되기 전까지 5년간 무려 8개의 가명으로 전 세계 26개국과 50개 도시에서 250만 달러의 위조수표를 발행해 쓰고 다녔다. 60년대 FBI 최연소 지명 수배되었던 사기꾼은 미성년자보호법에 의거 5년의 수감생활을 했다. 출감 후 FBI 요원들에게 수표 위조기술을 전수하고, 정부기관에서 각종 사기범죄에 대한 이론과 실무를 가르치며, 세계 최고의 금융사기 위조방지 전문가가 됐다.

영화보다 더 영화 같은 주인공의 삶을 보며 나는 놀랍게 전율했다. 영화 속 소년의 거짓말에 번번이 넘어가는 사람들을 보며 무엇이 그의 사기행각을 이어지게 만들었는가에 주목했던 것이다.

아무리 번지르르하게 말을 한다고 해도 어떻게 저렇게 속을 수 있을까? 이유는 한 가지였다. 말에 대한 자신감. 사기행각을 저지르는 그의 말에는 늘 당당하다 못해 뻔뻔한 그래서 놀라운 자신감이 넘쳤다.

거짓말로 죄를 짓는 일에는 불안과 공포가 따라야 하지만, 희대의 사기꾼들에게는 뻔뻔한 자신감이 넘쳐난다. 그 자신감이 사람들을 믿도록 부추기는 것이다. 영화는 소년의 사기 인생을 통해 가족의 소중함을 얘기하고 있지만, 나는 그 뻔뻔한 자신감으로 무장된 말의 공포와 거기에 속는 일이 얼마나 두려운지를 새삼 느꼈다.

말의 자신감은 두려울 정도로 사람을 빠져들게 만든다. 상대를 설득하기 위한 자신감은 설득력 있는 말이 갖춰야 할 여러 요소 중 단연 강력한 무기라 할 것이다.

자신감이 넘치는 말에 사람들은 빠져들어 믿음을 갖는다. 말의 내용은 차치하고라도 말을 전하는 태도에 담긴 자신감은 어디에서나 가장 큰 위력을 발휘한다. 특히 청중을 설득하기 위한 프레젠테이션에서는 핵심 요소다.

방송사에 근무할 때 유관 기관에서 주는 기금으로 해외 취재를 떠날 때가 많았다. 기왕이면 좀 더 넓은 곳으로 다양한 취재를 떠나기 위해 PD들은 기획안을 응모한다. 각 PD들마다 아이디어를 낸 뒤 기획안을 만들어 1차 서류에 통과하면 심사위원을 상대로 하는 프레젠테이션의 기회가 주어진다. 그런데 가끔 안타까운 고민에 빠지기도 했다.

기획안은 좋은데 말을 잘하지 못해서 발표를 잘 할 수 있을까 염려가 되는 직원들이 항상 보였다. 아무리 훌륭한 기획안이라도 제대로 설명하지 못하면 의도를 충분히 살리지 못한다. 반면 2% 부족한 기획안도 매끈한 말솜씨와 유창한 전달력으로 단 한 번에 통과시키는 말의 재주꾼들도 있었다. 그러나 미리 실망할 필요는 없다.

심사자나 청중을 설득할 말의 재주가 부족하다면, 충분한 리허설을 통해 설득 역량을 장착하면 된다. 설득력을 높이는 프레젠테이션의 기술을 알아보자.

1. PT 자료대로 줄줄이 읽지 않는다.

시선을 계속 스크린에 고정한 채로 줄줄이 읽어서는 안 된다. 심사위원이나 청중이 난독증이 아니라면 시간만 낭비되고 지루해진다. 글을 읽지 말고 의미를 말하자.

2. 간략히 결론을 이야기하고, 이에 대한 주장을 요약해서 보충한다.

자료를 그대로 읽는 것이 아니라 요지를 축약해 말을 전달한 뒤에 스크린의 자료로 시선을 끌며 내용을 보충 설명한다. 이때의 시선은 심사자나 청중을 향해 있어야 한다. 허공을 바라보거나 스크린을 보는 것이 아니라 설득하기 위한 대상을 향한다.

3. 질문을 받을 때는 성실하게 끝까지 들어라.

간혹 심사자나 청중이 내놓은 질문이 끝나기도 전에 '아, 그건 그게 아니라……'는 식으로 해명하려고 들다가는 문제해결 능력을 의심받을 수 있다. 여유 있고 당당한 태도라면 질문을 끝까지 듣고 수용하는 태도가 중요하다. 설사 능력을 의심하는 기분 나쁜 질문을 받았을지라도 감정에 휘말려 표정이 달라지면 안 된다. 감정은 숨기고 이성적으로 대처하자.

4. 청중이나 심사자와 논쟁을 해서는 안 된다.

심사자와 청중은 당연히 이해하기 위해 질문한다. 질문의 수위가 어떠하든 질문한 사람의 관점에서 이해가 되도록 설명하고, 질문의 기세에 위축되지 말고 성실히 대답한다.

5. 가장 중요한 오프닝과 클로징에 집중하라.

다큐멘터리를 제작하거나 단막극 드라마를 제작할 때 첫 3분의 오프닝을 매우 중요하게 생각한다. 사람들은 처음에 받은 감동으로 계속 시청을 이어가고, 결국 중간 내용을 다 기억하지 못해도 결론을 담은 클로징에 영향받게 되어 있다. 처음과 끝은 임팩트 있는 출발과 마무리가 되도록 인상적인 말을 준비하는 것이 좋다.

6. 이해가 어려운 전문 용어의 나열보다 쉬운 에피소드 말하기가 더 설득적이다.

심사자는 그 분야의 전문가가 아닐 수도 있다. 이때 이런 것도 몰라서 질문하나 하는 표정은 들키게 되어 있다. 최대한 겸손한 자세로 질문자나 청중이 알기 쉽게 대답하고, 마무리 멘트에서는 의견을 꼭 반영하도록 고민해보겠다는 말의 센스를 발휘하는 것도 좋다.

7. 미소를 끝까지 잊지 마라.

미국에 잠시 거주할 때 동네 놀이터 입구에는 '놀이터에 올 때 가져오세요'라는 10가지 준비물이 붙어 있었다. 그 첫 번째가 'Smile'이었다. 매우 인상적이라 지금도 기억에 남아 있다. 놀이터에 오는데 스마일을 챙겨 오라니! 많은 아이들이 있는 곳에서 질서를 지키고 다툼을 멈추게 할 때 미소처럼 중요한 것이 없다. 미소는 여유와 자신감을 돋보이게 한다. 미소 띤 당당한 자신감이야 말로 프레젠테이션에 임하는 사람을 최고로 보이게 할 것이다.

Point

설득하려면 내가 설득당하는 원리를 뒤집어 생각하자. 자신 있는 말투는 일단 관심을 끈다.

말과 태도 사이

06

다양한 일터에서

첫눈에 상대를 사로잡는 법

우리는 일터에서 다양한 사람을 만나고 대화를 나눈다. 분명 소리로 나의 마음을 대변해 말을 하고 있지만, 그 내면을 가만히 들여다보면 어쩌면 소리의 말보다 안에 담긴 감정을 교류하며 살아간다는 게 더 정확할 것이다.

일터에서 만나는 사람들과의 대화는 매우 객관적인 감정으로 오간다. 잘 아는 사이라서 대충 눈감아주거나 대충 이해해주거나 대충 양보할 수가 없다.

서로의 이익이 오가는 일터에서 사람의 마음을 얻으려면 객관적 사실에 추가해야 할 요소가 있다. 구체적인 에피소드로 감정을 전달하는 것이다.

"그동안 가족들을 위해 애써 준 희생과 헌신에 감사해."
"항상 챙겨주는 마음, 진짜 고마워."
"언제나 노력해줘서 감동하는 거 알지?"

이런 형식적인 말들은 누구에게라도 할 수 있다. 상대가 누구여도 이런 말들은 전할 수 있다. 아무리 격식 있고 품위 있는 단어로 말을 해도, 상대에게 가닿지 않으면 무의미하다. 감정을 전할 때는 구체적인 에피소드를 담아야 설득된다.

"매일 감탄하지만 오늘 버섯탕은 더 감동이었어! 가족들 잘 챙겨줘서 감사해."
"엊그제 보니 손등이 텄더라. 핸드크림 하나 챙겼어! 항상 고마워."
"어제도 야근 도와 준 막내. 치맥 쏜다! 언제나 그 모습에 감동하는 거 알지?"
"길 건너 카페에 들렀다가 과장님 생각나서 한잔 사왔어요. 항상 챙겨주셔서 감사해요."

이렇게 구체적인 에피소드로 꺼내는 말들은 두 사람만의 기억을 더욱 친밀하게 한다.

일터에서 처음으로 만난 사람들을 첫눈에 사로잡기 위해서는 말을 붙이기를 기다리기 전에 먼저 말거리를 꺼내는 배려가 필요하다. 자세히 모르는 사이이니 개인 에피소드를 알 수는 없다. 그러나 객관적 사실로 유추할 수 있는 공감의 말거리는 많다.

"뭘 타고 오셨어요? 저는 항상 지하철로 고생을 해서 조금 멀어도 버스를 타요!"

어떤 교통수단이든 무엇을 이용해서라도 한 장소에 모였을 테니, 서로를 잘 몰라도 이야기는 자연스럽게 이어진다.

"모닝커피 하셨어요? 커피 한잔 사오려는데, 하나 드실래요?"

상대를 배려해주는 말에 감동하지 않을 사람은 없다. 서로가 낯선 일터, 처음 만난 사람일수록 배려해주는 마음은 상대를 사로잡을 수밖에 없다.

아는 교수와 점심을 먹으러 식당에 갔다가 깜짝 놀랐다. 숟가락을 놓는 종이 깔개에 내 이름이 눈에 띄는 것이 아닌가?

"저희 식당을 찾아주신 유정임 님께 감사드립니다."

숟가락을 놓는 종이 깔개에 내 이름이 인쇄되어 있었다. 손님을 접대하는 상술이라고 해도 나는 그 신박한 상술에 마음이 움직였다. 숟가락과 젓가락을 들 때마다 기분이 묘하게 유쾌했다. 손님에게 이렇게 말을 건네 준 주인의 배려는 두고두고 그 식당을 생각나게 했다.

이런 식당도 있었다. 여럿이 몰려가서 주문을 하려면 결정장애에 시달리다가 결국 아무거나로 귀결되기도 하는데, 그런 상황을 센스 있게 받아친 메뉴판이었다. 메뉴판이 손님들을 향해 센스 있는 말을 걸고 있었다. '아무거나 7000원'이라는 메뉴를 보고 모두 웃음이 번졌다.

구체적인 에피소드로 말을 건네면서 감정의 틈새까지 챙겨주는 배려의 말하기는 첫인상을 아주 매력적으로 사로잡게 한다. 나를 챙겨주는 사람에게 시선은 간다.

이런 말하기는 관찰에서 시작된다. 일터에서 만난 사람들일수록 긴장하기 쉽다. 서로 잘 모르는 상황에서 능력을 경쟁해야 한다는 긴장감으로 마음을 열기가 쉽지 않다. 오히려 이런 상황을 이용해 잘 모르는 상대에게 먼저 다가가는 말 한마디만으로도 첫인상을 사로잡기 쉽다.

말문을 열기가 힘들지 일단 열린 말문을 두 마디로 세 마디로 늘려가는 것은 쉽다. 거창한 말을 준비할 필요는 없다. 오히려 부담을 느낄 수 있으니 말이다. 그저 누구나 겪음직한 일상의 뻔한 사실에 상대를 배려하는 따뜻한 감정을 한두 마디만 섞어도 일터에서 만난 객관적 대화는 훈훈해질 것이다.

한두 마디의 말문을 먼저 열어서 기본 상차림을 준비하고 나면, 상대가 마음이 열려 몇 마디를 응수할 것이다. 이렇게 서로 주고받은 대화로 첫인상을 인식시킨 뒤에 조금씩 상대의 태도나 말을 관찰한 관심을 추가한다면 다음번의 진수성찬으로 이어질 수 있다.

서로 입을 꾹 다물고 살피고 있는 일터에서 처음 만난 낯선 사람들 속에서 먼저 다가가는 배려의 말이야말로 긴장감을 녹여주는 훌륭한 말의 재료다.

Point

배려의 말솜씨로 첫인상의 기본찬을 잘 만들어두자. 기본찬이 맛있는 집은 언제나 문전성시다.

07

나이 많은 부하직원 슬기롭게 대하기

승진에 나이 고하가 사라지고 있다. 능력이 있다면 입사연도와 상관없이 몇 년의 세월을 거슬러 승진도 한다. 그러다보니 나이 많은 부하직원이 생기고, 나이 어린 상사를 모셔야 한다. 마음으로는 충분히 이해되는 상황인데, 막상 나이 어린 후배를 상사로 모시는 일은 마음이 쉽게 열리는 일은 아니다.

2년 전 방송사에 근무하는 여성 후배가 국장이라는 직함을 달았다. 보통 50이 넘어야 맡을 수 있는 자리에 마흔이라는 젊은 나이로 10년을 건너뛰어 승진한 것이다. 그것도 남성 간부가 훨씬 많은 조직에서 여성이 국장으로 승진을 했으니 단연 화제가 되었다.

축하를 위해 만났다. 나이 많은 부하직원들이 껄끄럽겠다고 했더니, 후배는 당당하게 이야기했다.

"어제 부장님으로 모시던 분들이 부하직원이 됐으니 사실 좀 두려웠죠. 그냥 부딪혔어요! 저랑 일하기 불편하시면 다른 부서로 보내드린다고 했어요. 생각보다 담담하시더라고요. 열심히 하시겠다니 그냥 해보려고요."

그렇게 2년이 흘렀고 후배와 우연히 점심 식사를 할 기회가 있었다. 그제야 후배는 마음의 고충을 털어 놓는다.

"솔직히 생각보다 쉽지 않더라고요. 나이 어린 여성 상사라고 생각하니까 뭔가 좀 다르게 보는 것도 같고. 제 의견과 경험이 충분치 않다고 여기는 것 같아서 마음속으로 갈등을 좀 많이 겪었네요. 회사에서 제공하는 심리상담 프로그램이 있는데, 그 기회로 공부도 했고요.

나이 많은 부하직원들이 가는 골프장에 자주 찾아갔어요. 피하지 않고 자꾸 부딪히면서 저를 보여드리고 이해시키면서 서로를 조금씩 알아갔죠. 요즘은 진심으로 잘 도와주세요. 솔직히 편하진 않겠지만, 딱 한 가지만 생각했어요. 예의 있게 매너 있게 대하자 하고요."

쉽지 않았을 일이다. 나이 따지기 좋아하는 우리 사회에서 나이 어린 상사, 그것도 10살이나 어린 여성 상사를 모셔야 했으니 편치만은 않았을 일이다.

나 역시 나이가 더 많은 부하직원과 일한 경험이 있다. 그때 내가 마음에 챙긴 유의사항은 한 가지였다. 말 한마디를 해도 예의 바르게 한다는 철칙이었다.

회의를 할 때의 자리 배치도 신경이 쓰였지만 회사는 공적 조직이니 서로 예의를 갖추되 할 일은 이어져야 했다. 깍듯하게 예의를 갖춰서 존칭하고, 불편한 소리를 할 때도 말 한마디에 신경을 써야 했다. 상대를 존중하면 상대도 예의를 다한다.

우리나라 환자들이 가장 믿고 좋아하는 의사는 설명을 잘해주는 의사라고 한다. 그런데 참 묘한 것이 설명을 잘해준다는 의미가 어렵다. 환자와 의사는 입장이 다르기 때문에 설명하는 의사와 설명을 듣는 환자의 입장에 묘한 차이가 있다.

심리학에서 말하는 '선택적 지각'이라는 것이 있는데 한마디로 내가 알고 싶은 정보만 받아들인다는 것이다. 그렇지 않은 것은 회피하고 싶은 것이 사람의 심리다. 환자들의 삶이 모두 다른 만큼 각자 살아오면서 얻은 제각각의 경험과 지식의 바탕, 신념이나 가치관 등에 따라 의사의 똑같은 설명도 다르게 선택해서 받아들이게 된다고 한다. 그래서 의사들은 '간단하고 쉽게 그리고 짧게 설명한다'는 기본원칙을 염두에 둔다.

나이 많은 부하직원은 나이 어린 상사의 삶의 경험과 업무의 경험이 일천하니 불안함에 대한 선입견이 생길 수밖에 없다. 그 선입견에서 해방되어야 하는데 방법은 한 가지다.

일단은 부딪쳐 말을 해야 한다. 때로는 허심탄회하게 상대와 속을 보이며 부딪쳐야 한다. 말하지 않으면 서로를 알 수 없고 소통하지 않으면 일은 진행되기 어렵다. 상대를 알아가려는 노력은 서로의 대화를 통해 진심을 파악하려는 시도에서 성공을 거둔다.

세계적으로 유명했던 CNN의 사회자 래리 킹(Larry King)은 그의 저서 《대화의 법칙》에서 사람들이 말을 할 때 왜 불편해 하는지를 설명했다. '말을 할 때 틀린 내용을 말한다거나, 아니면 바른 내용을 잘못 말하게 될까 봐 두려움을 먼저 갖는다는 것. 그래서 그는 어떤 말을 할지라도 스스로 바른 태도로 말을 하게 된다면 세상 그 누구도 말을 못할 사람은 없다'고 강조했다.

래리 킹의 충고대로 서로의 입장을 수용하려고 노력하는 올바른 태도를 떠올리자. 아무리 나이가 많은 부하직원이라고 해도,

아무리 나이가 어린 상사라고 해도 아무런 편견 없이 올바른 태도로 말을 하고 있다고 생각하면 서로 못할 말은 없다. 나의 입장에서 해야 할 말을 당당히 하고 있다고 판단한다면 거리낄 이유가 없다. 사적인 감정을 극복하는 것은 각자의 몫이다.

나이 많은 부하직원과 나이 어린 상사라는 감정의 골짜기에 휘말리지 말고 공적이고 객관적인 사실을 서로 올바르게 말하는 용기를 갖자. 서로 예의를 갖춘 감정에 매몰되지 않는 말하기라면 관계는 갈등 없이 풀려갈 것이다.

Point

처지가 다른 상대를 깍듯하게 대하는 예의 바른 말하기는 풍요로운 인간관계를 만들어준다.

말과 태도 사이

08

사람을 내 편으로 만드는

4가지 방법

말에 담긴 기운은 쉽게 전염이 된다. 오래오래 곁에 남고 싶은 사람과 한시라도 떠나고 싶은 사람의 말이 기운을 비교하면 두드러지는 특징이 있다. 크게 긍정과 부정의 기운으로 나뉜다. 긍정의 기운이 가득한 말의 기운은 어떤 아픔도 극복하고 좋은 것을 타인의 공로로 돌리려는 배려가 가득하지만, 부정의 기운이 가득한 말은 아픔을 남이 알까 두려워 쉬쉬하며 숨기려 들고 드러나는 좋은 것은 덥석 자신만의 공으로 돌리는 이기적 기운을 가지고 있다.

긍정의 관계는 사람을 몰아온다. 매일 쏟아내는 말 몇 마디로도 내 편의 관계를 얼마든 지어낼 수 있다.

1970년대 심리학자 야노프(Arthur Yanov)는 비명을 치료 도구로 사용한 최초의 학자다. 어린 시절 불행했던 기억으로 돌아가 억압을 경험하는 게 치료의 첫 단계라고 생각하고 터져 나오는 절규로 감정을 마주해 고통을 드러내야 온전히 자유로워진다고 믿었다. 아픔을 숨기지 말고 기억해내 절규로라도 극복하라는 것이다.

우리는 흔히 아픈 과거는 부정한다. 숨기고 감추고 단 한마디의 말을 꺼내기조차 두려워한다. 그러나 그 감정을 극복하지 못하면 마음속에 남은 부정의 말들은 자신을 옥죄어 결국 좌절을 가져올 뿐이다.

긍정이란, 없는 사실을 꾸며내 무조건 좋게 말하는 것이 아니다. 오히려 부끄러움과 수치의 기억을 극복하고 아픔을 치유하는 기능을 한다.

긍정적인 말로 사람들을 헤아려 용기를 주는 이들은 감정에 솔직하다. 두루뭉술하게 넘어가거나 대충 포장하지 않는다. 두서없이 말하거나 어설프게 위로하지도 않는다. 잘못된 것을 잘못됐다고 말해 사과할 수 있도록 유도하고, 잘한 것을 잘했다고 칭찬하며 확실한 지지를 해준다. 그런 사람들이야말로 따르는 사람들이 많다.

호주에서는 98년부터 매년 5월 26일을 '사과의 날(National Sorry Day)'로 기념한다고 한다. 백인 정부가 원주민에게 사죄하는 날이다. 정부 차원에서 원주민 아이들을 강제로 백인 가정에 입양해서 키우게 했던 역사에 대해 사과한다고 하는데 '미개한 원주민에게서 아이를 떼어 내서 백인 가정에 입양시켜야 호주가 더 발전한다'는 생각으로 아이를 엄마로부터 떼어 냈던 역사의 반성이라고 한다. 잘못한 일을 사과하는 용기는 대단한 배울 거리다.

사람은 누구나 실수한다. 그런 과거를 부정하지 않고 포장하지 않으며 담대한 용기로 마주해 극복한 사람들을 우리는 따르고 존경한다.

편이 많은 사람들은 대화에서 꺼리거나 숨기는 것이 없다. 자신의 삶에 솔직하고 당당하다. 남이 듣기 좋아할 말만 쏙쏙 골라서 자신을 포장하는 말하기는 언젠가 빈틈이 보인다. 결국 외로움의 길을 자처하게 된다.

긍정의 언어로 자신의 삶을 새롭게 탄생시킨 오프라 윈프리(Oprah Gail Winfrey)는 많은 사람에게 자신의 상처를 드러내며 용기를 주었다. 어려운 상황 속에서도 포기하지 않았던 자신을 다독이는 말로 결국 성공을 이끌어냈다. 우리는 그녀에게 많은 것을 배웠다.

과거를 부끄러워하지 않고 극복한 오프라 윈프리의 솔직한 말들은 방송을 보는 무수한 이들에게 감동을 주고 영향을 미쳤다.

오히려 그녀의 아픔에 공감하며 그녀 곁으로 달려갔다. 그녀는 자신의 인생을 통해 타인에게 다음과 같은 조언을 했다.

1. 남들의 호감을 얻으려 애쓰지 마라.

호감을 얻으려고 애쓰면 원치 않는 말을 늘어놓게 된다. 마음의 소리가 아닌 말에는 결코 진심이 없다. 입에 발린 소리를 하고 있을 때, 나의 마음은 어떻게 움직이는가? 단순히 인기를 얻으려고 굽실거리는 말은 결국 본질이 허술하게 드러난다.

2. 앞으로 나아가기 위해 외적인 것에 의존하지 마라.

'그쪽은 모두 내가 아는 사람이야', '내 친구들이 준재벌이야', '나 이런 사람이야!' 학벌, 명예, 경제적 네트워크 등 외적인 장치를 앞세우는 말은 오히려 '나는 아무것도 없어'라고 드러내는 일이며 말하는 사람을 외롭게 만든다.

3. 주변을 험담하는 사람들을 멀리 하라.

입만 열면 다른 사람의 이야기로 말을 시작하는 사람이 있다. 내 편을 몰아내는 말들이다. 정작 자신 스스로 할 얘기가 없다는 것이다. 사람들은 험담에 집중하지만 곧 관심은 사라진다. 비겁한 이슈로 시선을 끌면 결국 외로워진다.

4. 당신에 버금가는 혹은 당신보다 나은 사람들로 주위를 채워라.

간혹 내가 세상에서 최고라고 생각하는 사람들이 있다. 돌아보라. 세상에는 나보다 지혜로운 사람들이 넘쳐난다. 각자 가진 경험에 감사하며 그들을 존경하는 뜻을 적극적으로 전달하자. 주위를 배려하는 존중의 말이야말로 나의 곁으로 사람을 불러들이는 지혜로운 품격이다.

말은 평소의 태도를 대변한다. 평소에 나는 어떤 긍정의 언어로 마음을 다지고 있는가.

사람들을 내 편으로 만들기 위한 얕은 수로 솔직한 말을 두려워했던 것은 아닐까 반성해본다. 과대 포장으로 보여주고 싶은 것만 보여주는 빈 깡통 같은 허식의 말하기로 치레를 해온 것은 아닌가 돌아봐야 한다. 그런 사람들 옆에 오래도록 남을 사람은 없다.

내 편으로 끌어들이는 말은 단연코 상대에게 행복한 기운을 선물하는 말이다. 상대의 입장을 헤아려주는 말이다. 상대가 처한 아픔을 이해해주고 지지해주며, 상대가 얻은 기쁨에 진심으로 함께 기뻐할 때 사람들은 곁으로 다가온다.

품위 있는 단어들을 외우고 익힌 뒤 앵무새처럼 반복한다고 해서 마음이 없는 그 말에 생명력이 자라지는 않는다. 꺼내는 말마다 적대감을 담아 상대를 얕보는 말투로 공격을 한다면 아무리 가진 게 많고 권세를 떨친다고 해도 그런 사람과는 대화를 피하고 싶어진다.

넘쳐나는 말의 시대에 나는 얼마나 정직하고 솔직한 말하기를 하고 있는가? 나의 이야기에 진심으로 귀를 기울이는 사람은 얼마나 될까? 한번쯤 고민해볼 만한 인생의 숙제이다.

Point

오프라 윈프리도 시청률이 저조한 30분짜리 토크쇼로 방송을 시작했다. 포장하지 않는 솔직한 그녀의 말하기가 결국 기적을 만들었다.

말과 태도 사이

PART 5

디테일로
큰 차이를 만드는 방법

01

빨강 고춧가루: 말이 빨라지는 것을 고칠 수 있을까?

빨강은 무의식에 나타나는 생명에 대한 간절함을 담고 있다. 열정과 적극적인 마음을 강하게 분출하는 활기를 담되, 빠르지 않고 우아하게 전달하라.

나는 서울 태생으로 표준어를 사용하는데 말의 속도가 빠르다. 아니 솔직히 고백하면 빠르다기보다 무척 빠르다는 것이 더 정확하다. 고춧가루가 듬뿍 들어가면 눈물, 콧물 빼며 숨이 차듯이, 속도로 치면 숨이 찰 지경이다. 그런데 정작 나는 몰랐다.

서울의 방송국에서 일을 하다가 결혼하면서 부산으로 이사했는데, 부산에서는 어딜 가나 나의 빠른 말이 사람들 사이에 이야깃거리가 됐다. 부산말도 빠른 편이지만, 나의 서울 표준어가 빨라도 너무 빨라서 숨이 막힌다는 반응들이 많았다. 한 번은 새로 만난 직장 동료가 내 말을 한참 듣다가 이렇게 물은 적도 있다.

"저기, 어데서 숨을 쉬면 됩니까? 넘 빨라가 숨을 몬 쉬겠네요."

모두 박장대소하고 넘어갔지만 내게 그 말은 다소 충격이었다.

'숨 쉴 틈도 없이 그렇게 빠르게 느낀다고? 아니, 할 말이 얼마나 많은데 한가하게 그런 소리야? 그럼 언제 다 그걸 얘기하냐고! 열정적인 내 마음을 알기나 하는 거야?'

흥분해서 속으로 많은 변명을 외쳤지만, 쓰나미 같은 충격이 온 것은 녹음된 나의 말을 들은 뒤였다.

라디오 PD로 일하면서 우연히 라디오 DJ까지 겸하게 되었는데, 어느 날 코너 진행자가 출장을 가게 되어 녹음을 했다. 생방송을 진행하면서 녹음 방송분을 송출하다가 전혀 느끼지 못했던 속사포 같은 나의 말투에 듣는 내가 다 무안해질 지경이었다.

'내 말이 저렇게 빨랐다고?'

그제야 내 말의 속도가 보였다.

말이 빠르면 실수가 잦고 우아한 설득에서 점점 멀어진다. 생각할 틈 없이 말부터 지르기 때문이다. 도대체 그 말을 왜 거기서 했을까? 그 말이 왜 거기서 나왔을까?

남편은 늘 내게 충고를 한다.

"나이 들수록 말 좀 천천히 하지! 말이 너무 빠르면 가벼워 보인다니까."

맞는 얘기다. 너무 빠른 말은 사람을 가벼워 보이게 만든다. 빠른 말은 경거망동을 불러서 후회가 따라오니 품위와도 거리를 멀게 한다. 후회를 줄이기 위해 속도부터 통제하자고 마음먹었던 순간이다.

지구상에 존재하는 언어는 약 7000여 개다. 이렇게 다양한 언어는 속도에서도 큰 차이를 갖는데 그렇다면 평소 내 생각대로, 빠른 내 말을 변호하던 변명대로, 말이 빠르면 더 많은 정보를 주고받을 수 있을까? 관련한 흥미로운 실험들이 있다. 결론은 처참했다. 말의 속도와 정보 전달 속도가 비례하지 않다는 것이다.

2011년 〈랭귀지 매거진〉에 발표된 영어, 프랑스어, 독일어, 이탈리아어, 일본어, 만다린어, 스페인어 등 7가지 언어를 비교한 결과가 있다.

일본어는 속도가 가장 빨랐지만 정보 밀도가 가장 낮았다. 즉,

많이 말했지만 정보 전달력은 낮다는 것이다. 영어는 일본어보다 정보 밀도가 2배나 높았다.

과학저널 〈사이언스 어드밴시스(Science Advances)〉에 발표된 논문도 결과는 같았다. 각 언어의 시간당 정보 전달량은 대동소이하다는 것이다.

느린 언어든 빠른 언어든, 언어 체계가 단순하든 복잡하든 별다른 차이가 없었다. 한국어, 영어, 일본어 등 17개 언어를 분석한 결과 말하는 속도와 정보 전달 속도는 크게 상관관계가 없었다. 연구자들은 뇌가 한 번에 처리할 수 있는 정보량과 관련이 있다고 분석했다. 빨리 말한다고 정보를 더 많이 전달하고 더 깊이 상대를 설득하는 건 아니라는 사실이었다.

설득력 있게 말 잘하는 상위 1%들의 말하기를 꼼꼼히 엿보기 시작했다. 그들은 말 속에서도 리듬을 타고 있었다. 무조건 빠른 것이 아니라 빠른 중간에 느린 말투로 물 타기를 시도한다거나, 다양한 제어법으로 말이 빨라지는 것을 경계하고 있었다.

빠르게 말하면 말의 양은 충분하지만 설득력에서 실패하기 쉽다. 누구나 알아듣기 쉽게 억양이 정확하고 내용도 조리 있는데 거기에 속도까지 안정적이라면 더할 나위 없이 훌륭하겠지만, 재미도 없고 공감도 안 되는데, 자기 혼자 흥에 취해 속도만 빨라진다면 이는 그저 쓸데없는 수다에 불과하다.

속도를 경계해야 품위 있는 말하기를 실천할 수 있다. 속도 조절이 관건이다. 그렇다면 빠른 말투를 고칠 수 있을까?

일단 '3 대 1 법칙'으로 말하려고 노력하자. 세 번 빠르게 말했더라도 한 번은 단어 한두 개라도 억지로 천천히 말하려고 신경 쓰는 말끝마다의 '속도 체크'다.

단어 뒤에 한 번 숨을 내쉬며 공간을 만든다. 이렇게만 해도 말의 빠른 속도를 한결 여유 있게 만든다. 말을 잘하는 사람들일수록 스스로 말의 속도를 쥐락펴락 조절한다.

생각이 빠른 사람들은 할 말이 많다. 정해진 시간에 그 말을 다 하려니 열정이 들끓는다. 그 열정을 쉽게 들키면 의미 없는 수다가 되거나, 열정이 너무 강하면 고집이 세다는 인상만 준다. 요즘은 강연을 나가면 일부러 문장마다 큰 숨으로 쉼표를 찍는다. 쉬었다가 다시 이끌어 가면 몰입의 분위기를 쉽게 만들 수 있다.

그런데 빠르지 않게 천천히 말할 때 주의할 일이 있다. 느려서는 안 된다는 것이다. 천천히 말하되 느리지는 말라고? 그 뜻의 사용감이 조금 다르다.

'커피를 천천히 마셨다.'

이 문장 속의 천천히는 비교적 여유 있게 들리지만 '커피를 느리게 마셨다'는 동작이 굼뜨거나 다른 사람을 기다리게 한다는 인상을 준다. 느리지 않게 천천히, 빠른 속도 속에 천천히 흐름을 타자. 핸드폰 자동녹음 앱을 이용해 자신의 평소 말하기 상황을 들어보자. 일부러 녹음을 한다면 진정한 속도를 체크할 수 없다.

음식의 맵기를 조절해 감칠맛을 좌우하는 고춧가루도 제대로 사용해야 그 매운맛으로 눈물을 뺄 수 있다. 첫맛은 괜찮은데 끝맛의 매운맛이 오래 가게 하는 포인트를 찾아야 한다. 말의 속도 역시 엉뚱한 순간에 빨라져서는 안 된다. 나올 때 나와야 제맛을 살릴 수 있다.

Point

너무 빠른 말은 가볍고 경박한 인상을 준다. 적당한 말의 속도가 믿음을 만든다.

말과 태도 사이

02

주황 홍당무: 새롭게 조합하고 새롭게 던져라

주황은 빨강과 노랑의 경계에서 따뜻함을 탄생시킨다. 약동하는 힘과 활력, 명랑하고 친근한 자연의 색이다. 독창적인 말하기로 활력을 주려면 자연스런 에피소드를 꺼내 들어라.

똑같은 말도 맛깔나게 하는 사람이 있다. 가만히 그런 말을 분석해보면 내용이 일단 자연스럽다. 억지로 만들어내는 대화가 아니다. 요리를 할 때 홍당무는 어디든 어울린다. 고기에도 샐러드에도 빠지면 심심한 색깔 야채다. 우리가 말을 할 때 꼭 등장해야 맛이 나는 재료 홍당무처럼 어디든 쓰이는 재료가 말거리, 즉 에피소드다. 누구에게나 있는 에피소드 재료를 적극 활용하자.

일어나 세수하고 옷 입고 가방을 챙겨서 학교에 간다. 학교에서 얌전
히 자습하고 수학시간이 되어 교과서를 펴 문제를 풀었다. 쉬는 시간
에는 침착하게 다음 시간을 준비한다. 집에 돌아와 학원을 갔다가 숙
제하고 잠을 잔다.

누구나 겪어봄직한 이 뻔한 구도의 이야기는 전혀 흥미롭지
않다. 한 일은 많은데 눈에 띄는 특별한 에피소드가 없다.

트레이닝복 차림으로 집을 나선다. 학교에 가기 전 기사 식당에 들러서
아침을 먹는다. 수학 시간인데 이게 웬일! 하품을 쩍쩍 하면서도 아무
도 풀지 못하는 문제를 공부의 신처럼 척척 풀어낸다. 문제를 풀고 나
서는 엎드려 자기까지 하는데 선생님도 말리지 않는다. 점심시간 종이
울리자 학교를 나선다.

이 학생의 정체가 궁금해진다. 이야기는 뻔하지 않아야 흥미
를 끈다. 궁금한 에피소드가 살아 있다.
말도 그렇다. 똑같은 말을 해도 맛깔나게 하는 사람들의 이야

기는 같은데 한 끗이 달라서 같아도 같지 않은 느낌을 준다. 글을 쓸 때 우리가 글감, 글거리를 매우 고민하며 신중하게 골라내듯 감칠맛 나게 말을 하는 사람들의 말거리는 뻔하지 않다. 뻔하지 않게 윤색하고 창의적으로 도배한다.

아침 회의에 대표로 참석한 인사팀의 A대리가 부서로 돌아와 내용을 전달하는 예시다.

"오늘 아침 회의 내용입니다. 다음 주에 우리 부서 인사 발령이~."

벌써부터 듣기 싫다. 회의 내용은 늘 뻔하니 말이다.

"자자, 오늘 아침 회의 내용, 눈 크게 뜨고 기대해도 좋습니다. 이게 정말 몇 년 만입니까? 드디어! 우리 부서에 변화가 있을 예정입니다."

너스레를 떠는 그의 이야기는 한결 기대를 모은다. 똑같은 내용을 전하는데 시작이 다르다.

홍콩 영화를 보고 있는데 한 여성이 남자에게 나이를 물었다. 어린 여성 앞에서 젊어 보이고 싶은 남성이 이렇게 얘기한다.

"아, 제 나이요? 204개월 스물일곱입니다."

환산해보면 마흔네 살이 넘은 나이다. 대사 앞에 웃음이 터졌다.

창의적으로 말한다는 것은 행동이 튀는 것이 아니다. 뻔한 이야기들을 좀 더 새롭게 만지고 새롭게 조합해서 새롭게 던지는 일. 그런 창의적 말하기는 상대에게 내 말에 집중하게 해서 지루하지 않도록 말맛을 잡아준다.

창의적 말하기를 할 때 주의해야 할 점은 결코 억지스러워서는 안 된다는 것이다. 자연스러움을 꼭 명심해야 한다. 위조된 것은 어쩐지 인간적이지 못하다. 말에는 인품이 보인다. 작정하고 위조하면 거짓 같아 보이거나, 4차원인 사람처럼 보이거나, 엉뚱해서 말의 맥락을 잡아갈 수가 없다. 같이 있으면 너무 즐거워서 배를 잡게 하는 사람이 있다. 우리는 그런 사람과 함께 있을 때 행복하다. 데이트 상대를 고를 때 유머 코드를 본다는 건 이런 이유 때문이다.

자연스러운 창의적 말하기를 잘하려면, 주제어에 대한 다양한 생각을 연습하는 것이 도움이 된다. 생각이 생각으로 끝나면 지겨운 논리만 되지만, 통통 튀는 창의적 에피소드를 꺼내 들면 이야기 전개가 한결 쉽다.

한겨울에 파는 붕어빵에 대해 이야기를 시작한다고 생각해보자.

"붕어빵은 겨울에 잘 팔립니다. 요즘에 종류도 다양해졌습니다. 슈크림도 있고 초콜릿도 있습니다."

이건 사실을 나열하는 말하기다. 다 알고 있는 사실은 듣는 사람을 지루하게 할 뿐이다. 창의적 말하기는 사실에서 출발해 생각의 범위를 넓혀야 한다. 이렇게 시작해보면 어떨까?

"붕어빵을 먹을 때 꼬리부터 드세요? 머리부터 드세요? 어느 부위를 먹느냐에 따라 사람들의 성격이 다르다고 합니다. 요즘은 붕어빵 종류도 많아요. 슈크림도 있고 초콜릿도 있어요!"

이야기를 들으며 사람들은 판단한다. 나는 꼬리파인가? 머리파인가? 무엇보다 이 이야기가 나의 선택과 연관이 되었기 때문에 더 쉽게 들어온다.

말은 생각을 밖으로 꺼내는 음성의 수단이다. 생각하지 않으면 말로 나올 수 없다. 생각을 실행하고 실천해 밖으로 꺼내야 말이 된다. 말을 잘한다는 것은 남과 다른 다양한 사고를 자연스럽게 담아서 그 생각거리를 밖으로 꺼내는 일이다. 정형화된 뻔한 사고를 버리고 기발한 상상을 자꾸 해보는 일도 도움이 된다.

단, 아무리 기발한 에피소드로 시선을 끌고 싶다고 해도 사람을 공격해서 내가 더 우위에 서겠다는 저급한 발상의 가십거리용 또는 뒷담화용 에피소드는 금물이다. 순간에는 혹할지라도 화자의 인격이 건강해야 진심으로 끌려가게 된다.

어제 마신 커피를 오늘도 똑같이 마시되 그 맛을 다른 말로 표현해보자. 다양한 생각을 하는 사이 새로운 느낌의 말이 풀려나올 것이다. 주위를 잘 관찰하는 일은 말거리를 만들어내는 가장 빠른 지름길이다.

Point

주위를 관찰하면서 다양하게 생각하고 표현하는 연습을 해보자. 정형화된 사고를 버리는 순간 기발한 상상력이 시작된다.

말과 태도 사이

노랑은 가볍다. 희망과 긍정을 상징한다. 시야를 넓히는 가벼운 오픈 마인드, 긍정적 통솔력과 리더십, 강한 지성을 담고 있다. 이러한 리더십은 리액션, 무엇보다 제스처(gesture)와 함께 맞장구로 시작된다.

오랜 시간 방송을 함께했던 한 외국인은 항상 김밥을 즐겨 먹었다. 그의 논리는 이렇다.

"나는 한국에 와서 김밥이 너무 신기했어. 가격도 싼데, 몸에 좋은 재료가 다 들어가 있는 거야. 야채도 있고 소고기도 들어가 있어. 김밥 한 줄이면 힘이 나. 김밥이 너무 좋아."

그의 말대로 김밥은 비교적 저렴한 가격에 여러 가지를 섭취할 수 있는 만능 영양식이다. 다양해진 김밥 속에서 김밥 격변의 시대를 살고 있지만, 김밥은 김밥이다. 메인 요리는 될 수 없는 태생적 한계, 그럼에도 간단히 즐기는 대중식으로 매우 만족스럽다.

김밥이 간편한 대중음식을 상징하듯, 김밥의 노란 단무지는 김밥을 대변하는 상징성을 가지고 있다. 다른 음식에서는 그 역할이 미미할지 몰라도 김밥에서의 단무지는 중심이 된다. 없어도 대세에는 지장이 없지만 김밥의 상징성을 올려주는 존재감 있는 재료다.

말에서 반드시 상징적으로 들어가야 하는 재료, 김밥 속의 노랑 단무지 같은 존재가 바로 공감을 증폭시키는 맞장구다.

맞장구는 때로는 소리로 때로는 제스처로 표현된다. 없어도 말은 이어지지만, 있으면 말의 생명력을 무한히 올려주는 역할을 한다. 상대에게 공감하는 맞장구의 전략은 소중하다.

우연한 계기로 면접관 교육에 참여하게 되었는데 수업 내용이 흥미로웠다. 면접관이 갖추어야 할 기본 역량 중 하나는 라포 (Rapport) 형성이었다. 합격의 절실함으로 잔뜩 긴장해서 면접장에 들어온 이들에게 그 긴장을 풀어줌으로써 스스로 역량을 전부 발휘하도록 만들어주는 일이다. 그래서 면접관과 면접대상자가 대화를 시작할 때 분위기를 풀어주고 긴장을 늦춰주는 것을 라포 형성의 단계로 본다.

라포는 프랑스어로 '가져오다, 참고하다'의 사전적 의미를 가지고 있는 심리학 용어다. 환자와 의사 사이의 심리적인 믿음으로 사람과 사람의 마음이 통하는 관계, 마음을 터놓을 수 있게 서로 믿고 마음을 여는 것이다. 낯선 이와 대화를 시작할 때 이보다 더 소중한 것은 없다. 서로에게 호감을 느끼게 하여 긴장감 없이 대화가 이어지려면 일단 대화 첫머리가 편안해야 한다.

"아침 식사는 하셨어요?"

"오는 데 차는 많이 밀리지 않았나요?"

"날이 좀 많이 풀린 거 같은데 어떠셨어요?"

가벼운 안부 같은 이야기로 면접 대상자들의 긴장을 없애주는 요령이다.

다큐멘터리를 주로 제작하다보니 일단 자료조사를 위해서라도 인물 인터뷰를 사전에 진행하게 되는데 인물에 대한 서치가 첫 작업이다. 공들여서 인물에 대한 정보를 찾는다. 대화를 나눌 때 어떤 공통점이 있으면 서로 말이 수월하게 풀리기 때문이고,

대화가 술술 풀려야 얻을 수 있는 깊은 정보가 많다. 상대에 대한 불신이나 의구심으로 말에 제한이 생기면 할 이야기를 다 꺼내지 않는다. 경험상 일단 '공통점을 찾는 것'이 라포 형성에 제일 큰 도움이 된다.

"아, 그 동네 저도 자주 갔었는데!"

"그 식당, 잘 알죠! 여전히 맛있죠?"

"그 와인 소문이 좋더라고요. 저도 맛보고 싶었어요."

상대의 말에서 알게 된 사실 중 공통점을 찾아 대화를 이어간다.

"아, 91학번이세요?"

"고향이 거기셨구나."

상대와의 대화 속에서 캐치한 정보로 공감의 맞장구를 쳐주고 공통의 정보들을 엮어가는 낚싯줄 대화는 라포 형성을 최대한 활용하는 대화의 초기 단계다. 초기단계로 대화의 길이 열리면 2단계로 대화의 물꼬를 쉽게 트기 위해 전문가들이 권하는 미러링(mirroring)도 효과적이다.

미러링은 말 그대로 거울 효과다. 거울을 보듯 상대방의 말이나 행동을 따라 하는 것이다. 의미 없이 상대를 따라 하면 불쾌할 일이지만, 상대의 태도와 감정에 호응해 공감의 제스처로 함께 엮는 것, 낚싯줄 대화에서 결국 미러링은 '공감'이다.

상대가 다리를 꼬면 나도 자연스레 다리를 꼬고, 손을 주무르면 나도 손을 주무르고, 상대가 한숨을 내쉬면 함께 한숨을 내쉬면서 상대와 같아지기 위한 노력하는 태도를 통해 공감대 형성이 빨라진다. 말 속에서 흘러나오는 이야기에 함께 공감하는 한숨, 초조할 때 손을 주무르는 상대를 따라 함께 초조함을 보여주는 손 주무르기, 이런 작은 제스처에 상대는 내가 이야기에 몰입하고 있다는 것을 알아챈다.

미러링의 핵심 요건인 공감이 완성되는 순간이다. 미러링을 우리말로 표현하면 '공감의 맞장구'라 할 수 있겠다. 맞장구는 상대를 설득한다. 적절한 흥으로 맞장구를 쳐주다 보면 상대가 몸까지 깊숙이 내 쪽으로 숙여 다가오는 게 느껴진다.

"정말요? 세상에! 그럴 수도 있겠네요. 제 생각도 딱 그래요. 당연히 그래야죠."

이쯤에서 궁금한 점이 생길 수 있다. 그렇다면 아부와 맞장구는 뭐가 다를까? 대화에 필요한 공감의 기술 3가지를 살펴보자.

1. 분위기를 타라.

아부는 다른 사람을 살펴서 비위를 맞추는 '감언이설(甘言利說)'

이라고 보는 게 맞다. 내 생각이 어떻든 무작정 좋은 말만 골라 해주는 것이다. 마음에 없는 칭찬을 해야 하는 순간이 간혹 생기는데 선택은 각자의 몫이다.

모두들 '얼굴이 좋아 보인다'며 상사를 칭찬하고 있을 때 내 생각이 그렇지 않다고 해서 굳이 솔직한 말을 할 필요가 있을까? 아부가 체질에 안 맞는다면, 그런 상황에서 그저 분위기를 타는 것도 소극적 아부다. 사회생활을 원만하게 이루기 위해 소극적 아부 정도는 적극 수용할 일이다.

2. 리액션을 적극 활용하라.

상대방의 말이나 행동에 대해 반사적으로 나오는 반응이 리액션이다. 리액션이 없으면 듣고 있는 건지 아닌지 궁금하다. 어떤 형태로든 리액션이 필요하다. 영혼 없는 리액션이라도 안 하는 것보다는 효과적이다.

3. 맞장구는 필수다.

이야기를 들으면서 상대에게 호응하고 마음을 맞춰 동의하는 일이다. 동의한다는 것은 공감이다. 동의하는 맞장구는 이야기에 활력을 주고 즐거운 이야기꾼이 되게 한다. 그러나 앞뒤 안 가리

말과 태도 사이

고 동의하다가는 낭패를 볼 수 있다. 추임새와 같은 가벼운 동의의 맞장구 정도가 좋다.

동의하는 맞장구의 한 사례를 보자. 회의가 길어져 퇴근시간이 지났다. 미안한 마음에 상사가 직원들에게 이렇게 말한다.

"아이구, 늦었네. 밥이나 먹으러 갑시다. 삼겹살 어때? 삼겹살에 소주 한잔! 피로 좀 풀자!"

이때 다음과 같은 반응이 나올 수 있다.

"와우!(추임새) 뭐든 먹고 해요.(배가 고팠던 상황에서 나오는 반사적 리액션) 요즘 고기를 못 먹어서 너무 힘들었어요. 피로 푸는 데는 역시 삼겹살과 소주가 딱이죠.(가벼운 동의의 맞장구)"

그런데 이런 반응도 꼭 있다.

"아 이런,(맥 빠지는 추임새) 어제도 늦었는데 또 늦네.(짜증이 난 반사적 리액션) 기왕 사주실 거 소고기 먹으면 안 돼요? 피로에는 한우가 딱인데. 으~ 맨날 삼겹살!(사실을 환기시키는 부담스러운 맞장구)"

대화란 그런 것이다. 어떤 대화는 막 사주고 싶고, 어떤 대화는 먹고 있는 밥그릇도 빼앗고 싶다. 밉지 않게 맞장구도 연습하자.

효율적인 맞장구를 제대로 키워주는 빼놓을 수 없는 스킬 하나가 있는데 바로 제스처다. 평소 알고 지내는 기관장은 행정고시 출신의 고위 공무원이었다. 그는 항상 주머니에 수첩과 펜을 준비해둔다. 상대가 이야기를 시작하면 메모를 시작한다. 종종 움직이는 손과 펜만으로도 그는 상대의 말을 제대로 듣고 공감한다는 제스처를 보내고 있는 것이다. 그렇게 열심히 들어주니 특별한 추임새가 없어도 메모하는 제스처 하나로 충분한 공감을 얻는다.

말은 소리로만 전달되지 않는다. 제스처는 두말이 필요 없는 특별한 의미다.

- 그냥 웃는 것과 박수를 치며 웃는 것
- 대답만 하는 것과 고개를 끄덕이며 대답하는 것
- 듣기만 하는 것과 메모까지 하며 듣는 것
- 팔짱을 풀고, 가끔 두 손을 마주 잡아 신중하게 듣고 있다는 모습을 보여주는 것

제스처는 소통의 질을 높여준다. 제스처는 몸의 언어를 통칭

하는 말로 고대 그리스 로마 시대의 철학자들은 연설과 대화의 기술에 꼭 필요한 기능으로 꼽았다. 엄마가 자기 전 들려주셨던 옛날이야기 한 대목을 떠올려보자.

"이~만한 호랑이가 세상에나 요~따만한 토끼를 저어~기에서 보고 막 쫓아오는데……."

말에도 원근법처럼 효과를 주는 것이 바로 이 소리와 태도의 제스처다. 제스처의 크기에 맞춰진 소리만으로도 상황이 더 생생하게 다가온다.

미국의 심리학자 알버트 메라비언(Albert Mehrabian)은 '메라비언의 법칙'을 발표하며 상대방에 대한 인상이나 호감을 결정하는 요소로 목소리 38%, 바디랭귀지 55%, 말하는 내용 7%라고 주장했다. 비언어적 요소가 무려 93%나 된다면 대화의 실감기술인 바디랭귀지, 즉 제스처를 잘 활용해보자. 효과적 대화의 기술에서 이만한 것이 없다.

Point

귀로 들어주는 공감은 순간이지만, 눈에 보여주는 공감은 오래도록 잊히지 않는다.

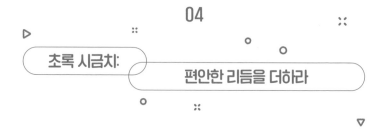

04

초록 시금치: 편안한 리듬을 더하라

초록은 상대와 부딪힘 없는 조화다. 솔선수범하는 평화로움이 담겨 있다. 사람을 편안하게 해주는 아늑한 말에는 존경이 실린다. 싱싱한 초록의 편안한 리듬으로 말을 건네 보자.

만화 〈뽀빠이〉에서 주인공 뽀빠이는 위기 때마다 시금치를 먹고 여자친구인 올리브를 구한다. 나의 어린 시절 '뽀빠이처럼 힘이 세지기 위해 시금치를 먹어야 한다'는 엄마들의 성화로 시금치의 대단함을 말하는 웃지 못할 진풍경이 벌어지기도 했다. 당시 초록색 시금치가 가진 상징의 맛은 언제나 힘이 필요할 때 에너지가 되는 야채라는 사실이었다.

초록은 싱싱함을 연상하게 한다. 우리의 대화에 뽀빠이의 시금치처럼 싱싱한 초록의 에너지를 주는 것은 높낮이와 악센트 (accent)다. 의미 전달의 파워는 높낮이와 악센트로 결정된다.

이렇게 싱싱한 에너지가 되는 인생에 보약 같은 말이면서도 전혀 기억이 나지 않는 설득력 제로의 말이 있다면 감히 '주례사'와 '교장 선생님 훈화'를 꼽겠다. 왜 그럴까? 설명하지 않아도 우리는 안다.

주례사부터 보자. 요즘은 형식적이었던 주례사가 가고, 양가 부모 대표의 말씀, 신랑 신부의 어여쁜 서약 등 다채롭고 이색적인 이벤트들이 펼쳐진다. 결혼을 선택한 사람이라면 잊을 수 없는 소중한 결혼식에서 듣는 주례사는 왜 기억이 나지 않을까? 혼자가 아닌 두 사람의 새로운 인생이 시작된다는 결정적 긴장감이 다수의 청중 앞에서 극에 달하다보니 무슨 일이 스쳐갔는지 기억할 경황이 없다. 식을 끝내고 여기저기 이끌려 옷을 몇 번 갈아입은 일이 기억의 전부라 주례사를 새겨볼 틈도 없다.

그럼 경황없는 주례사는 그렇다 쳐도 편안하게 듣는 교장 선생님 훈화는 왜 그럴까? 몇 시간을 고민하셨을 그 좋은 이야기들은 왜 귀에 꽂히지 않았던 걸까?

1. 아이들 모두에게 일일이 눈높이를 맞출 수 없다.

결국 교장 선생님이 하고 싶은 얘기만 하게 된다. 듣고 싶은 이야기와 하고 싶은 이야기의 극명한 온도 차이가 일단 지루하고 견뎌야만 하게 만든다. 이런 사례는 어떨까? 초등학교 교장 선생님의 훈화다.

"오늘은 바른 인성에 대해 몇 가지만 이야기하겠어요. 첫째, 감나무 화단에 휴지를 버리면 안 되는 거겠죠? 지난해 우리가 함께 심은 감나무가 열매를 맺었어요. 얼마나 감동입니까? 그런데 이 화단에 휴지를 버리는 친구들이 있어요! 남을 생각하지 않는 이기적인 행동이죠. 학교는 모두의 공간입니다."

더 이상 듣지 않아도 우리는 다음 내용을 짐작할 수 있다. 집에서 늘 부모님께 듣던 바른생활의 잔소리와 일맥상통한다. 그런데 이 내용이 이렇게 전개된다면 어떨까?

"우리가 지난해 함께 심은 감나무에 열매가 맺혔습니다. 오늘은 집에 가다가 감을 하나씩 꼭 따 가세요. 선생님도 먹어봤는데 맛도 좋습니다. 우리 모두의 땀의 선물이에요. 따보고 싶은 친구? (아이들이 좋아서 환호성을 지를지도) 그런데, 우리가 애써 가꾼 화단에 휴지를 버리는 친구가 있어요. 지저분해진 화단 속의 감. 먹고 싶습니까?"

듣는 사람에 맞춘 훈화 내용은 아이들의 집중도를 확 끌어올릴 수 있다.

2. 길어도 너무 길다.

"오늘은 3가지만 말하겠습니다." 그러나 3가지 뒤로도 '끝으로', '마지막으로', '결론적으로', '한마디로', '정리하자면'이 계속 붙어나면서 길어진다.

3. 결정적으로 내용이 아무리 좋아도 단조로운 설교다.

'도레미'가 아니라 '도도도', '미미미', '시시시'. 단조로운 악센트와 리듬은 운동장 햇살과 함께 졸음을 유발한다. 다른 내용은 차치하고라도 그 시절 교장 선생님들께서 훈화에 리듬과 악센트만 잘 활용하셨어도 리드미컬한 훈화는 한결 마음에 오지 않았을까?

악센트는 영어권에서는 억양을 가리키지만, 한국어에서는 주로 강세의 의미로 쓰인다. 소리의 높낮이를 뜻하는 인토네이션

(intonation)도 억양으로 번역되지만 악센트와는 좀 다르다. 음악에서 악센트는 특정 음표나 화음을 강조할 때 쓴다. 특별히 그 부분에는 강하거나 명료하게 진행한다.

우리가 말을 할 때 악센트에 주의하면 어떤 효과가 생길까? 강약 중강약으로 일단 들어야 할 포인트가 달라진다. 말을 할 때의 악센트는 리듬을 타는 것이다. 어떤 포인트에는 일부러 긴 포즈를 넣어 강조한다거나, 통통 튀듯이 몇 번의 악센트를 지속적으로 사용하면 리듬이 생긴다.

무조건 소리가 크다고 집중하지도 않고 몰입할 수도 없다. 유익한 메시지와 좋은 음성일지라도 한 가지 리듬으로 중얼중얼 전달한다면 버티기 힘들다. 아주 재미있게 내 말을 듣게 하려면 말에도 악센트로 리듬을 만들어야 한다.

초등학교 시절 음악 시간이면 선생님과 언제나 강약 중강약을 외치며 함께 리듬을 탔다. '강'에는 소리 내어 크게 발음하고 '약'에는 작게 발음하면 지루하지 않고 멜로디의 리듬을 타는 재미가 생긴다.

강약 중강약, 중중약, 중강강…

이렇게 강세의 악센트로 리듬을 타면 같은 노래도 맛이 나기 시작했다. 소리에 입체감이 생기면서, 긴 문장의 말에도 생기가 올라온다. 타고난 목소리를 통째로 바꾸는 일은 불가능하지만 악센트를 주어 내 말의 전달력을 깊이 있게 변화시키는 일은 얼마든지 가능하다. 리듬이 생기면 말도 노래처럼 즐기게 된다.

Point

감정에 휘둘린 분노는 불쾌한 악센트로 전달되고, 따지는 말소리의 리듬에 심장은 불쾌하게 요동친다.

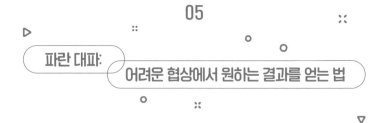

05

파란 대파: 어려운 협상에서 원하는 결과를 얻는 법

파랑은 우리 몸에 강장제 역할을 하는 색이다. 혈액을 잘 돌게 하고 정상적인 순환으로 회복시키는 균형과 조화의 색이다. 흥분하지 않고, 제대로 듣고 상대와 협상하는 건 고도의 대화기술이다.

상상하기조차 싫은 대화의 현장이 있다. 몇 년째 돈을 갚지 않고 시간만 끌고 있는 빚쟁이와 마주 앉아 하는 대화, 학교폭력 문제로 마주친 가해학생 부모와의 대화, 눈에 보이게 차별하며 인사고과 점수를 낮게 준 상사와의 대화, 적금 깨서 산 물건이 포장을 뜯자마자 문제가 생겼을 때 A/S센터 직원과 나누는 대화,

나를 왜 낳았냐며 존재부터 부정하는 사춘기 아이와 나누는 대화, 대책 없이 살아가는 형제자매가 생떼를 쓰며 돈을 빌려달라고 할 때 나누는 대화, 예단 문제로 파혼하게 된 약혼자와 나누는 대화, 한쪽의 외도를 목격한 후 나누는 부부간의 대화.

아! 근본적으로 이해관계가 대립이 되는 적대적 모순관계의 대화들이란 상상하기도 싫다. 시작부터 짜증이 나고 껄끄럽다. 이런 대화는 숨통이 조여 온다.

말이란 공기 중에 사라지는 것이라고 하지만 결코 아니다. 모든 말이 사라지지는 않는다. 어쩔 수 없이 원치 않은 상태에서 마주치게 되는 대화들은 서로의 상대에게 치명타가 될 수 있는 독화살들이 오갈 수밖에 없다. 이럴 때는 어떤 말을 해야 하는 걸까? 어려울수록 말을 먼저 꺼내는 일은 어리석다. 말을 꺼내기 난처한 상황일수록 일단 듣는 것이 상수다.

말 요리에서 대파 같은 재료는 요리에 정점을 찍는 최고의 재료다. 대파는 등장도 화려하지 않다. 말이 없다. 요란하게 요리의 주역이 되지도 않는다. 각 재료들이 어우러지는 소리를 제대로 듣고 소리 없이 섞여서 타협한다. 그리고 유능한 협상가처럼 요리의 맛을 완성한다. 파 송송은 요리의 마무리다.

아무리 언변 좋은 기술자라고 해도 난처한 분위기에서의 말은 누구라도 괴롭다. 제아무리 성인군자라도 상대를 다치게 할 수밖에 없다. 말은 대책 없는 상황 속에서 더 쓸모 있어야 하는 법이다. 어렵게 부딪힌 상황에서의 말일수록 목적부터 다시 떠올리자. 상대와 소통해 각자 원하는 바를 이루는 것이 목적이라면, 적대적 모순관계에서의 말은 타협과 협상만이 최고 가치가 된다.

적대적 모순관계의 대화는 타협의 여지가 힘들다. 문제를 깔끔하게 포기할 것이 아니라면 최고의 타협안을 위해 우선은 들을 것을 권고한다.

독일의 사회학자 게오르그 짐멜(Georg Simmel)은 "이 세상을 살아가는 최고의 방편은 타협하지 않고 적응하는 것이다. 늘 타협하면서도 아무런 적응을 할 수 없는 것은 가장 불행한 소질이다"라고 말했다. 타협이 이루어진 뒤라면 결과가 어떻든 받아들이라는 말이다.

타협을 한다고 제대로 말했는데 결과가 마음에 들지 않을 수 있다. 서로 이해관계가 물려 있는 말은 100% 만족이 어렵다. 난처한 상황 속에서의 대화란 상상도 싫은데, 어떤 타협이 마음에 들겠는가? 생존을 위해서는 타협 결과에 적응해야 한다.

타협 자체를 비겁하다고 보는 사람도 있다. 차라리 타협하느니 포기가 낫다고 할 수도 있지만 상대를 아무리 설득해도 어찌

할 수 없는 상황이라면 '현실과 타협했다'는 부정적 의미보다 '현실에 맞췄다'라는 속편한 의미를 갖자. 건강을 위해 권하고 싶다.

원치 않는 상황에서 타협과 협상의 말을 잘하는 첫걸음은 무엇일까?

《사람은 무엇으로 움직이는가》를 쓴 모리 타헤리포어(Mori Taheripour)는 와튼 스쿨에서 협상을 주제로 강의를 펼치고 있는데, 책에서 그가 말하는 핵심은 이렇다. 어떤 일이든 상대의 입장에서 보지 않으면 그저 공간에 떠도는 말일 뿐이라고 강조한다. '협상에서 제일 중요한 것은 현실적 공감이며, 상대의 입장을 철저하게 이해해서 같은 입장에 설 수 있을 때 협상이 가능해진다'는 것이 핵심이다.

억울하고 속상해도 일단 상대가 가진 패를 보려면 상대를 이해하는 게 첫걸음이다. 그 패를 보아야 협상할 전략들이 나온다. 무엇을 가지고 있는지 알아야 조율과 협상이 가능한 지점을 찾아낼 수 있다. 상대 입장에서 생각하고 상대 입장을 철저히 분석하기 위해 진지한 경청이 필요한 것이다.

말을 하다보면 "그게 아니라⋯⋯"라는 표현을 습관처럼 달고 사는 사람이 있다. 그런 말습관은 협상력은 물론 누구와의 대화에서도 비호감을 갖게 한다. 나도 모르게 무의식 속에서 벌어지고 있을지도 모를 말습관을 점검해보자.

관점 디자이너 박용후는 말만 바꾸는 게 아니라 관점을 바꿔야 해답이 나온다고 강조한다. 구걸하는 걸인 앞에 '나는 장님입니다. 도와주세요'라는 팻말은 자신의 입장에서만 쓴 것이라 상대를 설득하기 어렵지만, '아름다운 날입니다. 하지만 나는 그걸 볼 수가 없네요'라는 상대의 관점으로 바꾸면 적선 금액도 늘어난다고 했다.

적대적인 관계에 놓인 상대가 꼴 보기 싫더라도 먼저 들어라! 흥분해서 말이 앞서면 내가 가진 모든 패를 들킬 수가 있다. 말이 화근이 되는 순간이다. 무한 인내심을 장착하자.

1단계. "그러니까 이렇다는 것?"
상대의 말을 듣고 제대로 이해했는지 사실을 확인한다.

2단계. "그래서 이제 가능한 것은 무엇?"
상대의 현재 상태를 완벽히 파악한다.

말과 태도 사이

3단계. "그렇다면 제시할 것은 어떤 것?"

상대가 내줄 수 있는 것들을 철저하게 분석한다.

조율을 이끌어내기 위한 타협과 협상의 말하기는 듣는 인내심을 발휘 후, 상대의 상태를 파악하고 말하기를 시도해야 한다. 적대적 모순 관계의 특성상 말을 먼저 꺼내는 순간 상대에게 빌미를 제공할 수 있다. 바쁠수록 돌아가라고 했다. 냉정한 인내심이 마음에 드는 협상 결과를 가져올 것이다.

Point

화가 날수록 감정이 담긴 '형용사'보다 사실이 담긴 '명사'를 선택해라. 순간의 감정이 대화를 망친다.

06

남색 가지: 후회하는 말을 하지 않으려면

남색은 파랑과 보라의 경계로 파랑보다 깊은 무게감과 강인함을 가졌다. 완전히 몰입해서 깊이 사색하는 특징으로 객관적 이성과 합리적 직관이 기본이 된다.

남색 가지는 칼로리가 낮은 부드러운 야채다. 모양은 커도 속은 수분이 94%나 된다. 남색 가지는 하얀 속살을 가지고 있다. 속살의 보드라운 맛이 입에는 달지만 껍질을 버리면 껍질의 영양소를 차지할 수 없다.

껍질이 갖는 단단한 객관성을 마음에 넣어 두고, 변하기 쉬운 주관성의 속살을 잘 음미해야 가지의 온전한 맛과 영양소를 제대로 즐기게 된다. 껍질과 속살이 잘 어우러지는 남색 가지의 맛처럼 말은 객관성과 주관성이 합리적으로 버무려져야 상대를 제패한다.

관심을 느끼는 상대에게 성적 매력을 느끼는 것은 동물적 본능인데 그 섹시한 본능이란 말에도 존재한다. 이성적 사고가 아니라 그냥 본능이 꺼내놓는 통제가 안 되는 감정의 말들이다. 흥미 세포가 움직일 만한 이야깃거리에 꽂히는 것은 당연하다.

그런데 쉽게 들리는 말, 자꾸 듣고 싶은 말은 '변덕스런 주관적 견해'가 아니라 '객관성과 합리성이 담보된 말'들이다. 다들 그렇다는 이야기에는 쉽게 공감이 가지만, 한 사람만 그렇다는 이야기는 고집만 보인다. 말은 객관적이고 합리적이어야 상대를 공격할 수 있다.

볼링을 배우느라 폭 빠져 있던 시절, 버스 정류장에 서 있는 사람이 모두 볼링핀으로 보였던 적이 있다. 서 있는 사람들을 보며 속으로 생각했다. '이렇게 저렇게 볼을 굴리면 이렇게 저렇게 쓰러지겠지!' 길거리에 선 사람들도 볼링핀으로 보였다. 자려고 누워도 천장에 볼링핀이 서 있었다. 무엇인가에 폭 빠진다는 건 그런 것이다.

게임에 빠지거나 유튜브에 빠지는 것처럼 말에도 빠지게 된다. 관심 있는 말에는 당연히 중독된다. 관심 있는 테마라고 다 꽂히지는 않는다. 중언부언 확인도 되지 않는 이야기는 금세 들통난다. 그러니 어떤 내용이든 사실적 객관성과 합리성이 담보되어야 한다.

객관성과 합리성은 어떤 차이를 갖는가? 강의를 나가 연세 지긋하신 어른들 앞에서 아이들 키우는 방법을 아무리 새롭게 강의해도 제대로 꽂히지 않는다.

'더 키워봐라! 그럴 것 같지? 마음대로 안 돼!'

이미 육아를 경험한 그들을 설득할 때 아무리 객관적인 육아의 사실을 들이밀어도 이런 테마는 그들에게는 합리적이지 않다. 객관성과 합리성의 차이다.

직장생활 30년이 넘어 정년이 1~2년쯤 남은 사람들 앞에서 은퇴를 당기는 이야기들은 구미가 당기지 않는다. 조금이라도 더 버티는 것이 관건인 마당에 은퇴를 앞당기다니 무슨 큰일 날 이야기를 하나 싶다. 그러나 40대 직장인들에게 은퇴를 당기는 법은 달콤한 홍당무다. 말의 테마를 고를 땐 얼마나 객관적이고 합리적인지를 파악한 후에 풀어나가야 한다.

얼마 전 나는 한 펀드매니저에게 설득당해서 보험 하나를 또

가입하고 말았다. 절대 가입하지 않겠다고 커피나 한잔 나누자고 마주했는데 그의 언변에 홀려서 가입하고 늦은 후회를 했다. 해지하려니 세상에나 원금의 10%도 못 돌려준다는 말에 고민이 깊다.

왜 넘어갔을까? 왜 나는 홀렸을까? 그의 설명이 너무 객관적이고 합리적이었다. 순간 판단이 흐려졌다. 객관적인 경제지표를 펼쳐두고 나를 설득했고, 합리적인 판단 근거 몇 가지를 내밀었다. 누구를 원망하랴. 스스로 판단해 설득당했으나 후회막심이다.

4차 산업혁명의 디지털 시대에 '말'은 우리에게 더 무서운 무기가 되고 있다. 문자를 쓰고 책으로 묶던 '글의 기록 시대'에서 보이고 들려지는 '말의 영상 시대'로 옮겨 왔기 때문이다. 영상 시대를 사는 우리에게 이제 '펜'보다 더 무서운 건 '말'이 되었다. 자신도 모르게 내놓았던 말들이 족쇄를 채우기도 한다. 친한 몇몇의 의사들은 진료 시 몰래 녹음을 한 뒤 말꼬리를 잡아 항의하는 환자들이 늘어난다고 불만을 표출했다.

정치인들 역시 서로가 서로를 구속하는 말의 녹음으로 정치생명이 좌우되기도 한다. 한번 내뱉은 말이 문제가 되는 일은 더 많아질 것이다. SNS 시대, 유튜브 시대에 살고 있는 우리로서는

'말'이 더 두려워진다.

그래서 더욱 말에 대한 무게를 가늠해 볼 잣대가 필요한데 '객관성과 합리성'이 그 역할을 할 수 있다.

'따져 봐도 그런 것'이 합리성이라면 '누가 봐도 그런 것'이 객관성이다. 지나간 말에 발목을 잡히지 않기 위해 내 말에 대한 이 2가지 요소를 제대로 적용해보자.

미국의 정치인이며 100달러짜리 지폐에도 등장한 벤저민 프랭클린(Benjamin Franklin)은 '설득하고 싶다면 이성적으로 말하지 말고 흥미롭게 말하라'고 주장한 바 있다. 흥미를 끄는 것으로 시작하되 객관성과 합리성으로 내용을 단단히 채워야 제대로 기억된다.

정답은 없어도 필수적 요소들은 담고 있어야 하는 말의 기술. 핵심요소가 잘 배치된 말이야말로 누구나 그렇다고 느끼는 동감이 되고, 그 동감이 오래도록 그 진가를 발휘하게 한다. 누가 들어도 그렇다고 여겨지는 동감이 말을 살리는 주인공이다.

Point

누구의 말도 듣지 않는 억지스런 고집은 대화가 아닌 혼잣말에서나 시도해야 한다.

말과 태도 사이

07

보라 양배추:
말이 끝나면 시작되는 것들

보라는 위엄 있고 장엄하며 깊이 있는 완성감을 자랑한다. 화려함을 상징하되 두려움을 해소하는 정신적인 여유의 색이다. 불안을 깨고 단단해지려면 자신이 내놓은 말의 함정에 빠지지 말아야한다.

제 풀에 제가 넘어간다는 말이 있다. 자기가 쳐놓은 덫에 자기가 걸리는 격이다. 정치인들의 말하기는 전형적으로 서로에게 덫을 놓는 말하기다. 잊을 만하면 반복되면서 지겨운 정치, 못 믿을 정치인이라는 상징적 진단을 만들고 있다.

'십수 년 전에도 그랬다, 자료가 다 있다, 빠져나갈 생각 마라' 레퍼토리도 뻔하다.

후퇴할 틈도 없이 밀어붙이는 상대방의 '말 검증'에 대한 문제에서 자유로울 정치인은 없다. 대체로 불안한 말은 오래 가지 못한다. 철새처럼 오가는 정치인의 말은 책임이 따르지 않는 불안을 조장한다.

이 몰상식의 현장들이 아침부터 저녁까지 열심히 벌어서 낸 세금으로 이어진다는 게 진저리를 치게 한다. 제 말의 덫에 스스로 빠지는 정치인이 너무 흔한 시대에 화가 나는 건 당연하다. 생각 없이 꺼낸 말들이 곪아서 염증을 만든다. 그 염증의 결과에 피해를 보는 사람들은 힘 없는 서민들이다. 소신이나 책임의 근거 없이 떠벌리는 말은 불안하다. 무수한 공약들이 남발되어 구천을 떠돌다 실체 없이 부스러진다. 자신의 함정을 파고 스스로 덫에 걸리는 정치인들의 말, 영향력을 가졌다는 리더들의 말은 그래서 더욱 조심스럽다.

보라색 양배추로 통하는 적채는 일반적인 양배추보다 궤양을 이기는 힘이 강하다. 혈액을 응고시키는 비타민 K와 각종 비타민, 식이섬유가 많아서 서서히 포만감으로 스며들어 식사량을 줄여주는 다이어트에도 좋은 효과를 나타낸다. 보라 양배추가

가진 염증에 강한 힘처럼 불안이라는 염증을 이기려면 소신이 강한 말하기를 해야 한다.

이런 말하기는 매우 사려가 깊어야 한다. 현실이란 상황 속에서 종종 소신을 버려야 하는 안타까운 상황이 벌어질 수도 있다면, 그 충격을 조금이라도 줄이기 위해서는 말을 하기 전 깊은 생각의 과정이 기본이 되어야 한다.

대학에서 학생들을 가르치는 후배와 차를 마시는데 이런 이야기를 들려준다.

"얼마 전 우리 학교로 오신 허○○ 교수님이 선배님 이야기를 하던데 혹시 아세요? 원래 방송국에 다니다가 선배님 말씀을 듣고 일을 접었대요."

깜짝 놀랐다. 기억에 남아 있지 않은 사람인데, 무엇보다 내 말에 직장을 그만두었다니!

"하던 일을 그만둘까 말까 고민이 깊었는데 예전에 선배님 이야기를 듣고 너무 강렬해서 자신 있게 일을 그만두었대요. 지금은 좋은 교수가 되었어요."

천만다행이었다. 기억도 나지 않는 사람인데 내 말만 듣고 직장을 그만두었다가 지금 잘못되었다면 그 말의 책임에서 나도 자유롭지 못할 것이었다.

내가 한 어떤 이야기에 그 사람이 직장을 그만두었을까? 잘 되었으니 다행이지만 대단히 두려운 일이다. 기억도 나지 않는 말 한마디로 누구에겐가 원망을 들으며 살 뻔했다. 말의 책임이란 그렇게 무섭다.

살다 보면 즉흥적인 분위기에 휩쓸려 안 해도 될 말까지 꺼내는 후회막급한 경우들이 생긴다. 언제 부메랑이 되어 돌아올까 공포가 된다.

말을 잘한다는 건 불안한 상황을 조장하지 않는 사색의 말하기를 실천하는 것이다. 확신에 찬 소신 있는 발언이라면 말하기는 두렵지 않다. '성급하게 결론짓거나, 무조건 장담하지 않는 사색의 말하기'는 말에 믿음이 생기게 한다.

대학교 4학년 한 고등학교로 교생실습을 나갔다. 그때만 해도 새 학기에는 교실을 깨끗하고 예쁘게 꾸미는 환경미화심사라는 게 있었다. 대개는 그 반의 임원들이 방과 후에 남아서 고생을 했는데, 늦은 저녁까지 환경미화 활동에 애쓴 반장들에게 다음 날 햄버거를 사주겠다고 약속했다. 그리고 다음 날 다 함께 출발하려는데 우리 반의 반장이 다가왔다.

"선생님 ○○이도 함께 가고 싶다는데요."

○○이는 우리 학교 최고의 일진이었다. 눈빛만 봐도 서늘했던 그 아이가 함께 가고 싶다고 하니 내키지는 않았지만 어쩔 수 없이 허락을 했다. 햄버거 가게에 도착해 수다를 떠느라 이야기 삼매경에 빠진 아이들 사이로 멋쩍게 앉아 있던 ○○에게 말을 걸었다.

"맛있니?"

"예."

그리고 한 3분.

"집이 여기서 멀어?"

"아니요."

그리고 한 3분.

"오늘은 왜……."

나를 빤히 보던 아이가 한마디를 건넸다

"들어줄 거 같아서요. 선생님은……."

뒷머리를 맞는 기분이었다. 그렇게 시작된 이야기는 아이가 고등학교를 졸업하고 대학 진학을 포기하고 취직을 하고 결혼할 때까지 이어졌다. 교생 실습 후에도 그 아이는 일주일에 한 번씩 내게 편지를 했다. 정성껏 마음을 담아 답을 보냈고, 전교 꼴찌였던 그 아이는 80등을 하고 50등을 하더니 15등까지 올라섰다.

학교로 날아오는 그 아이의 편지에 나는 세상을 다 얻은 기분이었다. 지금 생각하면 아이를 바꾼 건 아이의 말을 열심히 들어주었다는 단순한 사실 뿐이다. 들어줄 것 같다던 아이의 말에 책임을 다하기 위해 편지 한 줄 한 줄 마음을 담아 답을 보냈다. 아이의 한마디 말이 교생실습을 나갔던 내게 어른으로서의 책임을 갖게 했고, 나는 꼭 주고 싶은 격려의 말로 아이의 세상을 변화시켰다.

말의 책임은 이렇게 위대하다. 무심코 내뱉은 나의 한마디가 큰 잘못을 저지르고 있지는 않기를 바래본다.

Point

말에 대한 책임이 인품을 결정짓는다. 떠벌이와 말의 고수의 차이는 '책임을 지느냐 아니냐'이다.

말과 태도 사이

에필로그

대중으로부터 뜨거운 사랑을 받았던 영국의 다이애나(Diana Frances Spencer) 비 이야기 〈다이애나: 더 뮤지컬〉을 재미있게 보았다. 수많은 대중은 왜 다이애나를 좋아하느냐고 묻자 찰스 왕자는 이렇게 노래한다.

"다이애나를 왜 좋아하냐고? 다이애나는 가만히 서서 한참을 듣지!"

권세와 권위가 넘치는 사람들만 골라서 만나는 왕실의 황태자비가 아니라 외면받고 어려운 사람들을 직접 찾아가기로 유명했던 다이애나 비. 그렇게 그들에게 다가가서 그녀가 한 것은 '가만히 서서, 한참을 들어준 것' 단 한 가지였다.

가만히 서서 한참을 들어주는 사람이라니! 말만 들어도 그 장면에 마음이 찌릿하다. 내 곁에 가만히 서서 그저 하염없이 내 말을 들어주는 사람을 어찌 사랑하지 않겠는가? 나의 말을 하염없이 기다려주는 사람과의 대화는 황홀하다.

렌즈를 오랫동안 사용하다보니 매해 환절기면 알레르기성 결막염으로 안과를 찾는다. 늘 가는 동네의 작은 안과는 항상 북적여 1시간은 족히 기다려야 한다. 그렇게 오래 기다리면서도 사람들이 참을성 있게 이 병원을 찾는 이유는 간단하다.

의사가 환자의 말을 오롯이 들어준다. 환자의 말을 자르지 않고 따뜻한 환대로 고개까지 끄떡이며 대답도 친절하다. 짧은 진료 끝에 몇 가지 물으려고 하면 눈치를 주어 제대로 묻지도 못하고 나오는 일도 많은데 그는 다르다.

"그렇게 진료하면 돈 못 벌 텐데……."

지인의 농담조로 하는 말에도 물론 공감하지만, 안과에 갈 일이 있으면 아무리 멀어도 나는 이곳을 찾는다. 기다려주는 말은 마음을 두고두고 열게 한다. 또 어떤 말과 태도가 사람의 마음을 열게 할까?

말과 태도 사이

짧은 말의 품격

야무진 입매로 "파이팅!"을 뽑아내던 탁구의 여왕 현정화 감독은 오똑한 콧날에 깔끔한 외모, 독기 어린 눈빛마저 사랑을 받았다. 그런 그녀가 91년 북한의 이분희 선수와 남북단일팀으로 세계 최강 중국팀을 꺾으며 전 국민을 감동의 도가니로 몰아넣었다. 눈물바다였다.

흥분과 감격이 교차한 수많은 인터뷰에서 그녀는 요란하지 않게 할 말만 하는 단답식 말투로 오히려 깊은 감동을 전했다. 말은 장황하지 않아도 감동을 줄 수 있다. 아니, 그 순간 장황했더라면 오히려 감동은 덜했을지도 모른다. 짧게 말해도 진심이 전해진다면 상대는 말의 여백을 자신의 감동으로 더 깊게 채운다.

그런 그녀와 라디오 방송을 함께했다. 진행자와 작가로 만난 첫날, 그녀가 물었다.

"제가 말을 잘 못해서요, 말을 많이 안 하거든요."

"걱정 마세요! 말을 많이 한다고 잘하는 거 아니에요. 진심으로 말하시면 느낌으로 알게 돼요!"

그녀의 음성은 무미건조하다. 할 말만 하니 무뚝뚝하게도 들린다. 그러나 진심을 다하니 청취자들은 짧은 말에도 감동했다. 한 TV프로그램에 그녀가 딸과 함께 나왔다. 딸은 말을 너무 안

하는 엄마에 대해 서운함을 토로했다. 그러나 나는 안다. '할 말 외에는 별말을 하지 않는' 엄마의 표현 방식일 뿐 세상 누구보다도 뜨거운 엄마라는 사실을 말이다.

쓸데없는 말이 넘치는 세상, 오히려 할 말만 골라 들줄 아는 그녀가 더 지혜롭지 않은가.

용기 있는 말

나의 오랜 친구는 정직하다. 남의 눈을 의식해서 할 말을 꿀꺽 삼키기도 하는 세상, 잘못된 일은 잘못되었다고 말할 줄 안다. KBS의 스포츠 프로그램에서 알게 된 배우 김성령 씨는 아끼는 후배다. 그녀의 말은 착하고 지혜롭다.

도도하고 빈틈없어 보이는 외모와 달리 성격은 빈틈이 보이는 허당이다. 유명 연예인이라는 이유로 오히려 근사해 보이는 말만 골라서 해도 부족할 텐데 그녀는 계산하거나 치밀한 겉치레로 말하지 않는다. 입에 발린 마음 없는 칭찬이 난무하는 세상, 평소 가식 없는 솔직한 말을 하는 그녀의 말은 믿음이 두텁다. 그래서 그녀가 주는 칭찬은 2배로 기분 좋다. 말에 대한 믿음 때문이다.

차를 함께 타고 가다 난폭한 운전자가 끼어들어 위협을 받은 적이 있다. 옆 차선에 나란히 정지했는데 항의하겠다는 그녀를 내가 말렸다. 얼굴을 다 아니 구설수에 오를 수도 있다는 나의 말에 "이렇게 두면 다른 사람이 위험해질 수도 있잖아. 할 말은 해야지. 내 얼굴 아는 게 뭐가 중요해!" 그녀는 차 문을 열고 나가 잘못을 항의했다.

그녀의 말은 당당하고 용감하다. 앞에서는 이랬다가 뒤에서는 저렇게 뒤집기 한 판이 가득한 '말의 세상'에 그녀의 솔직한 말은 산소 같다. 가식 없이 정직한 말은 사람을 기운 나게 한다.

경청의 지혜

얼마 전 정신과 의사와 함께 토크쇼를 진행했다. 세대 간의 다른 언어들을 어떻게 하면 잘 소통할 수 있는지 얘기했다. 말로 소통하고 말로 불통을 겪고 말로 난통을 경험하는 갈등의 세상, "어떻게 해야 말을 잘 할 수 있느냐"고 물었더니 "말을 잘하려면 말을 잘 들으라"고 동문서답을 돌려준다.

가르치려 들거나 → "그게 아니고……."

한술 더 뜨거나 → "그건 아무것도 아니야."

섣불리 위로하려 들거나 → "너만 그런 게 아냐."

엉뚱한 이야기로 돌리거나 → "그 말 들으니 생각난 건데……."

심문하려 한다거나 → "정말 그랬다고?"

아무것도 하지 말고, 그냥 '잘' 들으라는 거다. 잘 들으면 상대가 보이고, 깊게 들으면 상대의 입장이 보이고, 넓게 들으면 돌려줄 말이 보이고, 제대로 들으면 내가 해야 할 말이 보인다. 잘 듣는 말 속에 해답이 있었다. 서로를 염려하는 지적인 대화가 완성되는 순간이었다. 말을 잘하려면, 일단 잘 들어야 한다. 그렇다. 동문서답이 아니라 우문현답이었다.

말은 때론 오해를 만들기도 한다. 말로 생긴 오해는 풀면 그만이지만 사람에게 실망하면 말을 섞기조차 불편해진다.

이때는 이기심을 발동시키는 것이 도움이 된다. 수용하자고 마음먹는 것이다. 무례할수록 불쾌할수록 '통 큰 수용' 외에는 달리 뾰족한 답이 없다. 어쩌면 내가 억울하듯 상대도 억울하다고 생각하고 있을지 모른다.

지난달 참여한 북클럽에서 국문과 교수가 강조한 '말에는 주술의 힘이 있다'는 말이 기억에 남는다. 말의 주술적 힘이 상대를 베어내고 상처를 깊게 할 수도 있다니 겁나고 두려운 말이다. 매일 욕하던 사람이 정말 잘못되었을 때 느끼는 죄책감처럼 말이다. 상대를 이해하고 수용하는 말로 차라리 '나의 존엄'을 지키는 것이 도리어 품격 있지 않은가.

'자신의 입장에서 어쩔 수 없었나보군.'
'그렇게도 생각됐을 거야.'
'충분히 그렇게 볼 수도 있어.'

뜻하지 않게 오해를 받는 일이 생길 때면, 말에 담긴 주술의 힘을 이용해 나는 기꺼이 소리 내어 말하며 상황을 이해한다. 말을 참는 자여, 품격이 더욱 빛날지니. 인내심으로 아껴둔 말은 비장의 패로 나중을 대비하자.

다양한 소통채널로 말의 홍수 시대를 지나는 우리는 다 같이 말 속에서 춤을 추고 말 속에서 아파하고 상처받는다.

진정한 지적 대화를 위해서라면 말 참는 법, 말 아끼는 법을 '말 잘하는 법'에 추가해야겠다고 궁리하며 이 글을 마친다. 진정 빛나는 품격의 대화는 하고 싶은 말을 제대로 아끼는 것이다. 아끼고 아껴둔 홍시 단감을 손주에게만 몰래 건네주던 할머니의 단감이 세상 어느 감보다 달디달았던 것처럼 말이다.

말과 태도 사이

1판 1쇄 발행 2023년 7월 7일
1판 4쇄 발행 2023년 11월 16일

지은이 유정임
발행인 오영진 김진갑
발행처 토네이도미디어그룹(주)

책임편집 박수진
기획편집 유인경 박민희 박은화
디자인팀 안윤민 김현주 강재준
마케팅팀 박시현 박준서 조성은 김수연
경영지원 이혜선

출판등록 2006년 1월 11일 제313-2006-15호
주소 서울시 마포구 월드컵북로5가길 12 서교빌딩 2층
원고 투고 및 독자 문의 midnightbookstore@naver.com
전화 02-332-3310 **팩스** 02-332-7741
블로그 blog.naver.com/midnightbookstore
페이스북 www.facebook.com/tornadobook
인스타그램 @tornadobooks

ISBN 979-11-5851-268-2 (03190)